14살, 형법이
네 미래를
좌우한다

14살, 형법이 네 미래를 좌우한다

제1판 제1쇄 발행 2012년 11월 15일
제1판 제5쇄 발행 2014년 1월 5일

지은이 한정우
펴낸이 임용훈

마케팅 양총희, 오미경
편집 전민호
출력 해성문화사
용지 (주)정림지류
인쇄 (주)미성아트
표지인쇄 예일정판
제본 선명제본

펴낸곳 예문당
출판등록 1978년 1월 3일 제305-1978-000001호
주소 서울시 동대문구 답십리2동 16-4
전화 02-2243-4333~4
팩스 02-2243-4335
이메일 master@yemundang.com
블로그 www.yemundang.com
페이스북 www.facebook.com/yemundang
트위터 @yemundang

ISBN 978-89-7001-558-3 13360

* 이 도서의 국립중앙도서관 출판시도서목록(CIP)은 e-CIP홈페이지(http://www.nl.go.kr/ecip)와 국가자료
  공동목록시스템(http://www.nl.go.kr/kolisnet)에서 이용하실 수 있습니다. (CIP제어번호:CIP2012004813)

아직 법을 모르는 10대를 위한 힐링 메시지

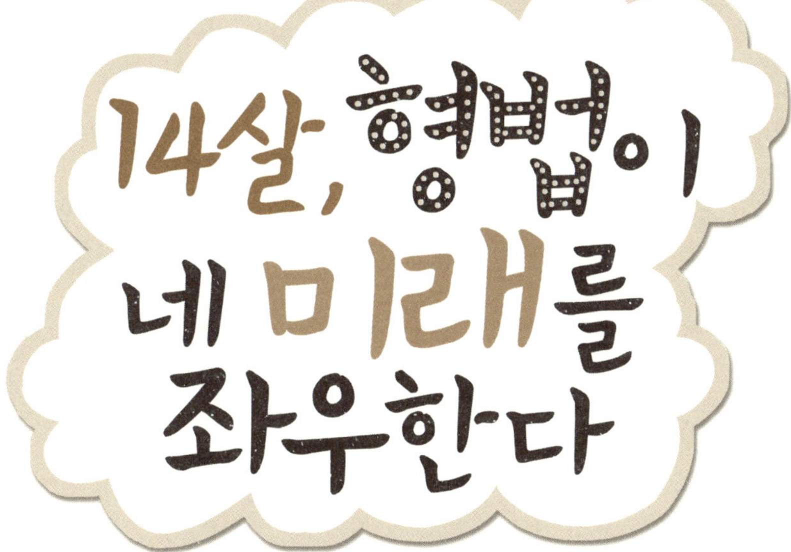

14살, 형법이 네 미래를 좌우한다

| 한정우 지음 |

예문당

대한민국 모든 14살에게

만약 여러분의 나이가 14살 정도 되었다면 나쁜 행동을 했을 때 그것이 죄가 되거나 벌을 받을 수도 있다는 것쯤은 어느 정도 인식하고 있으리라 생각합니다. 문제는 얼마만큼의 행동이 처벌받는 '죄'에 해당하는지, 자신의 행동이 어떤 법을 위반한 것인지 그리고 잘못된 행동이 반복될 경우 얼마나 더 엄한 처벌을 받게 되는지는 자세히 모른다는 점이죠. 그게 중요하냐고요? 네, 중요합니다. 그것도 아주 많이……. 왜냐하면 대한민국 형법은 14살 미만에게는 형벌을 적용하지 않고 있지만, 14살부터는 범죄에 해당하는 행위를 저지를 경우 형법상 정해진 처벌을 적용받을 수 있기 때문이죠. 아무리 여러분이 미성년자라 하더라도 법률적인 책임을 져야 하는 나이가 되면 설사 자신의 행위가 위법이라는 것을 모르고 한 행동이라 하더라도 그 결과에 대한 책임을 져야 합니다. 이는 형법뿐만 아니라 우리나라에서 시행되고 있는 대부분의 법령이 그렇지요.

책임지면 되지 않냐고요? 잘 모르겠다는 성의 없는 대답보다도 그런 말대꾸가 더 못나 보입니다. 막무가내식 행동으로 인해 형사법정에서 징역이나 보호관찰을 선고받는 일이 어떤 것인지 알고 있는지요? 소년교도소나 소년원에 가는 일? 삭막하고 차가운 그곳에서의 생활과 그곳을 다녀왔다는 사실이 사회에서 어떤 의미인지 알고 있나요? 아뇨, 여러분은 잘 모릅니다. 만약 경험이 있다 해도 아직 모른다고 봐야 합니다. 그것은 자신과 가족이 감내하기에는 지극히 어려운 고통이요, 부끄러움입니다. 순간의 탈선이 얼마나 후회스럽고 부끄러운 일이었는지 미리 상상해보기는 쉽지 않은 일이고, 경험한 뒤 깨닫기에는 너무나 큰일이지요.

벌금이나 손해배상 같은 경우는 또 어떨까요. 국가에 벌금을 내거나 피해자에게 손해를 배상할 돈이 겨우 14살인 여러분의 수중에 있을까요? 결국, 부모님의 책임과 불행으로 떠맡겨지게 될 것입니다. 자식이 저지른 범죄에 뒤통수를 맞고, 벌금이나 손해배상으로 인한 두 번째 펀치를 정면에서 맞게 되면 아무리 강인한 부모님이라도 견디기 힘들어집니다. 자칫하면 가족끼리 사이가 멀어지고, 심한 경우 가정이 파괴되기도 하지요.

피해를 당한 사람과 그 가족이 겪는 슬픔과 고통은 또 어떨까요? 학교와 사회에서 왕따 등으로 인한 고통을 이기지 못하고 자살이라는 극단적인 선택을 하는 피해자들이 계속해서 늘어나고 있습니다. 가해자의 의도와 행위는 재미나 사소한 목적에 의한 것이었다 하더라도 피해자의 실질적인 고통은 죽음까지도 생각하게 만듭니다. 그러니 믿음이 눈곱만큼도 가지 않는 '알아서 책임지겠다' 라는 말은 어디 가서 함부로 꺼내지 마세요. 차라리 노력해보겠다는 말이 더 긍정적으로 보입니다.

물론 여러분의 탓을 하고 싶지는 않습니다. 미안하게도 그리고 안타깝게도 죄와 형벌에 대한 청소년의 무지함이 계속 방치되고 있는 동시에 여러분은 범죄에도 너무 쉽게 노출되어 있으니까요. 부모님은 성적과 교육에 의한 성공만을 강요하고, 사회는 기계부품과 같이 정형화된 인재들만 납품받고 있습니다. 때문에 도덕과 윤리 그리고 준법은 '성적=성공'이라는 무지막지한 신개념에 깔려 뭉개져버린

지 오래죠. 이대로라면 머지않아 이 사회는 낮아지는 윤리의식과 높아지는 범죄율의 늪 속에 잠겨버릴지도 모릅니다. 뉴스를 통해 접하는 최악의 청소년 범죄와 피해 학생의 자살 등을 통해 이미 그 허우적거림이 시작된 듯 느껴지기도 합니다.

이처럼 아직은 어린 나이에 속하는 14살이 살아가기엔 환경이 제대로 뒷받침되지 못하고 있지만, 이런 안 좋은 환경을 개선하기 위해서는 결국 여러분의 힘이 필요합니다. 14살에 형성하는 준법정신 그리고 그에 대한 의지만이 여러분과 여러분의 가족이 살고 있는 이 사회가 되살아날 길입니다.

만일 이 부탁이 막연하게 들린다면 너무 큰 그림을 생각하고 있기 때문입니다. 느닷없이 사회 전체가 변화되는 그림을 그리려 하지 말고 스스로를 먼저 변화시키겠다는 다짐의 밑그림부터 그려보세요. 그리고 자기만의 작은 윤리와 도덕 그리고 사소한 준법 행위부터 쉽게 접근하는 게 중요합니다.

이는 결코 어렵지 않습니다. 비행과 범죄를 저 멀리 두고 그것을 예방하는 의지를 가지는 동기는 생각보다 쉽게 부여될 수 있습니다. 불량식품을 기억해보세요. 값이 싸면서도 맛 또한 달콤해 유혹을 뿌리치기가 쉽지 않죠. 그렇지만 발암물질과 독성이 함유되기도 하고, 심각한 유해성이 존재한다는 사실을 알게 되자 이제는 사람들이 눈길도 주지 않습니다. 아마 돈을 줄 테니 먹으라고 해도 안 먹겠죠. 독성 있는 간식을 목숨이나 건강을 내걸고 먹을 나이가 이젠 아니거든요. 나쁜 행위도 그 불량식품과 똑같이 취급하면 됩니다. 허접한 간식 중 하나로 여기는 것이지요. 주식이 아닌 간식이므로 안 먹어도 그만이고, 몸에 해롭기까지 하니 멀리 하는 것은 쉬운 일일 것입니다. 불량식품과 아닌 것을 구분하지 못해 모르고 먹었던 때가 지난 것처럼, 14살이 된 여러분은 이제 나쁜 행위의 겉과 속을 구분할 때가 되었습니다. 아니, 앞서 경고한 것처럼 이제는 반드시 구분할 줄 알아야 합니다.

　　백번을 올바로 행동하다가도 한 번의 실수로 인생의 전부를 망치
는 것이 바로 범죄입니다. 비행을 지속적으로 멀리하는 것이 중요하
다는 말이죠. 범죄는 모양과 향, 색깔을 달리하며 여러분 주변에서
평생에 걸쳐 맛깔스러운 유혹을 할 것입니다. 혹시라도 어떤 것인지
알아보기만 하겠다는 이유를 들어 다가가 코를 대보거나 눈을 비비
다가는 금방 맛보고 싶은 유혹에 빠질 수 있으니 아예 근처도 가지
말고 고개도 돌리지 않기를 바랍니다. 14살, 좋은 것만 보고 살기에
도 여러분의 인생은 매우 바쁘니까요.

한 정 우

차례

CHAPTER 1

CHAPTER 1

14살부터 적용되는 형법, 대체 그게 뭘까?

▶ *Help you*   〈소년보호재판〉에 대하여

▶ *Help you* 〈학교폭력예방 및 대책에 관한 법률〉 요약

CHAPTER 4

준법을 위해 필요한 14살의 10계명

▶ *Help you* 〈경범죄처벌법〉 요약

▶ *Help you* 도움이 되는 기관과 그 홈페이지

청소년들의 선하고 밝은 미래를 위해 늘 힘쓰면서도 내게 격려와 힘을 주었던
다니엘 학습법의 김동환 선생님, 다니엘 리더스 스쿨의 김수미 원장님,
그리고 엇나가지 않는 14살을 양성하는 데 노력하시는
최유경, 김혜영 선생님과 금번 출간의 기쁨을 함께 하고 싶습니다.

14살부터 적용되는 형법, 대체 그게 뭘까?

형사처벌,
정확히 13살까지만 봐준다

|

14살부터는 그 비행을 형법으로 처벌한다.
— 형법 제9조 —

만으로 14살이 되지 않은 중학교 2학년의 L군은 오토바이를 훔치다 경찰에 붙잡혔다. 그렇지만 나이가 어리다는 이유로 훈방 조치 됐고, L군은 아무 일 없던 듯 다시 학교를 다녔다. 얼마 뒤 가출을 한 L군은 유흥비 마련을 위해 불량한 선배들과 어울리며 술에 취한 어른을 폭행하여 돈을 빼앗고, 가출한 여중생들에게 성매매를 강요하는 일까지 가담하다가 경찰에 또다시 붙잡히게 되었다. 그러나 보호처분을 받기는 했어도 여전히 어리다는 이유로 감옥에 가지는 않았다.

우리나라는 14살이 되지 않은 청소년의 범죄행위는 형법으로 처벌하지 않는다. 여기에서 말하는 14살은 만 나이를 말하는데, 만 14살 미만은 아직 어리기 때문에 성인과는 달리 법률적 책임을 질 능력이 없다고 보는 것이다. 이러한 경우를 '형사미성년자'라고 부르는데, 성인과 미성년자 혹은 미성년자와 미성년자간에 체결하는 거래, 계약 등에서 다툼이 생길 때 미성년자에게는 법률적으로 책임질 능력이 없으므로 거래나 계약을 무효화할 수 있다고 보는 민사법과 이치를 같이 한다.

미성년자에 대한 이와 같은 법률의 효력에 대해 처음 알게 된 사람도 있겠지만, 이미 잘 알고 있는 친구도 분명히 있을 것이다. 범죄를 저질렀지만 무시무시한 형사처벌을 면한 뒤 두려웠던 가슴을 쓸어내린 경험이 있거나 보호관찰까지 받아봤지만 여전히 형사처벌되지 않는 나이라는 점을 악용해 범죄에 죄의식을 못 느끼고 계속 법을 어기고 있는 악동들도 분명히 존재한다. 그렇다고 설마 '진작 알았으면 나도 이것저것 해보는 건데!' 하며 후회하는 친구는 없으리라 믿는다.

하지만 어리다고 해서 무조건, 그리고 아무 조치 없이 훈방만 하고 보내는 것은 아니다. 청소년 비행에 대해 느슨하게만 대처한다면 그것은 제도적으로 범죄자를 양성하는 것이나 다름없다. 그렇게 되면 사회의 질서는 물론 준법의식의 기초가 뒤흔들려 국민과 국가의 존재를 위협할 것이다. 그래서 **청소년이라 해도 반복적이고 심각한 수준의 비행에 대해서는 훈방 이상의 처분이 내려진다.** 바로

'보호처분'이다.

형벌이 아닌 '보호', 처벌이 아닌 '처분'이라는 용어에서 짐작되듯이 훈방 이상의 처분이라 하더라도 여전히 형사처벌을 받는 것은 아니다. 10살 이상 14살 미만의 친구들은 형법에 위반되는 행위를 했더라도 형사법원에서 재판을 받지 않기 때문이다. 다만 형법이 아닌 소년법에 의해 소년부의 보호사건으로 심리를 받고 보호처분을 받게 된다.

형사법원의 재판을 받게 된다면 형법의 처벌규정에 따라 감옥에 가거나 엄청난 액수의 벌금을 내야 하지만, 형사미성년자의 소년부 보호처분은 보호자에 의한 보호관찰, 사회봉사명령, 사회질서와 준법에 대한 수강명령, 상담 및 교육만을 받게 한다. 가장 강력한 처벌이 소년원 생활이다. 소년원 생활은 제한된 공간에서 제한된 규율과 통제를 받으며 교화를 받는 것이므로 사실상 교도소와 역할이 같다고 보는 사람도 있다.

나이 믿고 어리광 피울 수 있는 시절은 지났다

형사처벌을 받지 않는다는 이유로 온갖 나쁜 짓을 서슴없이 저지르다가 14살이 된 친구들은 이제 좋은(?) 시절은 다 지났다. 14살이 되자마자 형법이 때를 기다렸다는 듯 곁에 바싹 들러붙기 때문이다. 이제 정도가 심한 행동은 보호사건으로만 심리되지 않는다. 형법이 엄중하게 경고한 대로 형사사건으로 분류되고 법정에 출석하여 재판을 받아야 하며, 벌금형을 선고 받으면 막대한 벌금을 내야 하고 징역형을 선고 받으면 교도소에서 감옥생활도 해야 한다. 형법은 청소년의 나쁜 행동에 대해 앞으로 엄격한 책임을 물을 것이다.

그럼에도 청소년 시기가 인격을 형성하는 도중에 있고, 그 개선 가능성이 풍부하다는 점, 몸과 마음의 발육에 따르는 정신적 동요상태에 놓여 있다는 점 등이 재판에서 많이 참작되고는 있다. 하지만 그것은 어디까지나 초범이나 실수로 비행을 저지른 청소년에 해당하는 말이다. 14살 이전부터 반복적으로 그리고 악의적으로 범죄를 저지르는 경우와는 다르다. 마치 양치기 소년처럼 거짓말을 반복적으로 하다보면 사람들로부터 믿음을 잃고 용서를 받을 수 없는 것과 같다.

아직은 형사사건이라든가 보호사건과 같은 용어조차 생소하지만 앞으로 전개될 내용들을 통해 보다 더 구체적인 것들까지 배우게 될 것이다. 그렇게 되면 L군이 오토바이를 훔치고 폭행과 갈취를 일삼아도 처벌받지 않았던 이유를 이해할 수 있고, 그런 친구의 반복되는 비행이 더 이상 좌시되지는 않는다는 사실을 예견할 수 있게 된다. 점점 준법에 대한 관심이 늘어나고 준법의식이 가슴 속에 뿌리를 내리게 되는 것이다.

준법에 대한 기초가 확립되었다거나 마음이 확고하게 준법의식으로 무장되어 움직이지 않게 된다면? 그렇다면 14살의 여러분은 평생에 걸쳐 아무리 높은 탑을 쌓더라도 무너지지 않을 훌륭한 기초를 다져놓은 것이 된다. 다시 강조하지만 형사처벌의 면제는 13살까지 만이다. 더 이상은 안 된다. 사회적으로는 질서의 유지를 위해서 비행을 저지르는 일이 제한되어야 하지만, 개인적으로는 14살이 된 여러분의 인생이 형사처벌로 인해 크게 달라질 수 있는 문제이기 때문에 비행은 스스로가 매우 위험한 일이라는 생각을 가지고 있어야 한다. 이제 14살이 되었으면 각별한 준법의식을 가지고 생활해야 함을 명심하자.

생활법률 **TIPS** 

K군은 물건을 사고 나서 무심코 잔돈을 받아 넣었어요. 집에 와서 보니 5천 원 지폐를 5만 원으로 착각한 가게 주인으로부터 4만 5천 원이나 거스름돈을 더 받았음을 알게 되었지요. 그러나 K군은 가게 주인의 잘못일 뿐이라 여기고 횡재를 했다는 생각으로 돈을 모두 써버렸어요. 이 글을 읽는 여러분의 생각도 K군과 비슷할 거예요. 일상생활에서 흔히 있을 수 있는 일이라 그냥 넘어가도 괜찮을 거라 생각하지만, 법률에 근거하면 K군의 행위는 분명한 불법행위입니다. K군이 가지게 된 4만 5천 원은 외형상 가게 주인이 준 것으로 보이지만 착오에 의해 잘못 지급된 것일 뿐 K군이 그 돈을 사용, 처분하도록 권한을 준 것은 아닙니다. 결국 K군은 가게 주인의 점유를 단순히 벗어난 4만 5천 원을 권한 없이 써버린 셈이지요. 형법은 분실한 재물, 길거리에 떠도는 재물 등 다른 사람의 점유를 벗어난 재물을 반환하지 않고 가지는 것을 범죄로 규정하고 있어요.

02

14살이 되자 달라붙은 형법, 정체가 뭘까?

적극적으로 준법의식에 입문하지 않으면
네 미래의 문도 잠긴다.

일진에 들고 싶어 일진 무리를 기웃거리던 P는 어느 날 학교 매점에서 일진 선배들이 모여서 하는 이야기를 듣게 된다. 법을 무서워하면 아무것도 못한다는 말부터 시작해서, 안 걸리면 그만이고 걸리더라도 어른들이 뇌물이나 청탁을 잘하면 빠져나올 수 있다는 전형적인 불량 청소년들의 이야기였다. 사회에 진출해서도 불량한 선배들로부터 법을 무시하는 경험이나 교육을 가장 먼저 받게 될 것이라고 했다. P는 그 대화에 썩 공감이 가지는 않았지만 TV나 신문을 통해 사회적으로 성공한 사람들의 과거 범죄사실이 드러나는 보도를 보면 일진들의 대화가 전혀 근거 없는 말은 아닌 것 같다는 생각이 들었다. 아무리 공부를 열심히 하고 정직하게 사회생활을 하려 해도 편법을 쓰는 사람보다 성범죄, 특히 사회적으로 저명한 이들의 범행은 사람들의 관심이 쏠리기 때문에 언론매체를 통해 확대되는 경우가 많다. 그리고 그 화살은 성공한 모든 사람들에게 돌아가 성공의 과정에 도덕적 문제가 있지 않았을까 하는 괜한 의심을 불러온다. 그러나 그런 사람은 극히 일부에 불과하다. 자신의 성공을 위해 법을 어기는 경우보다 법을 올바로 지키며 성공하는 이들이 아직은 훨씬 많은 세상이다. 법의 근본적 기능이 바로 공정함이기 때문에 가능한 일이다.

물 수(水)는 수면의 평평함을 나타내는 것으로 공평·평등·형평을 의미하고, 해태 치(廌)는 시비·선악을 가리며 분쟁을 가라앉히는 정의의 동물을, 갈 거(去)는 악을 제거하는 응징적인 요소와 강제성을 의미한다. 이 세 글자를 합친 것이 바로 우리가 사용하고 있는 '法'자의 어원이다.

법의 종류는 많지만 사회수업 시간에 졸지 않았다면 민법, 상법, 형법이라는 단어는 기억하고 있을 것이다. 사람이 사회생활을 한다는 것은 개인과 개인의 사(私)적 관계, 개인과 국가의 공(共)적 관계를 이루며 산다는 것이고 법도 이런 관계에 따라 사법과 공법으로 분류된다. 개인 간에 발생하는 분쟁의 해결은 사법이 맡게 되는데 '민법'

과 '상법'이 여기에 속하고, 사회질서유지와 공익을 증진하는 일을 공법이 맡는데 '형법'이 여기에 속한다.

형벌의 '刑'자가 들어가 이미 짐작하고 있겠지만 **형법은 무엇이 범죄인지, 그 범죄에 어떤 형벌을 부과할 것인지를 규정한다.** 좁은 의미로 '형법'이라는 고유의 이름이 붙어 있는 하나의 법률을 의미하기도 하지만, 형벌을 규정하고 있는 모든 종류의 법령을 일컬어 형법이라 통칭하는 넓은 의미도 있다. 예를 들어, 운전 중 신호를 위반하여 사람을 다치게 한 경우 '도로교통법' 상의 처벌을 받게 되지만, 일반적으로 '형사처벌'을 받는다고 한다. 이처럼 유형과 범위가 어떤 것이든 사회질서유지와 공익 증진을 방해하고 파괴하는 것이라면 이를 범죄로 보고 그것에 형벌을 부과한다는 점에서 좁은 의미든 넓은 의미든 관계없이 동일한 기능과 의미를 가진다.

법률행위라는 것은 반드시 커다란 범죄, 큰 금액, 복잡한 권리 같은 것에만 존재하는 것은 아니다. 법이란 것이 저 멀리에 떨어져 있고 나와는 상관없다는 생각을 해서도 안 된다. 신호를 지키는 일부터 휴대폰과 인터넷을 사용하는 일, 학원비를 내고 학원을 다니는 일도 일종의 법률행위이다. 지켜야 할 것을 지키지 않으면 위반에 따르는 결과가 발생한다. 법을 어기는 행위와 그 처벌규정은 우리 생활에 전반적으로 그리고 매우 구체적으로 적용되고 있다는 것을 명심하자. 이를 의식하고 있어야 법의 작용이나 문제의식을 쉽게 이해할 수 있다.

눈치가 빠른 사람은 이미 알아차렸겠지만 앞서 법의 어원과 형법의 의미부터 소개한 이유가 바로 이것이다. 형법이 사회질서유지와 공익의 증진에 큰 역할과 작용을 하고 있다는 간단하면서도 대전제인 사실을 반드시 염두에 두어야 앞으로 전개될 내용들에 대한 이해도 깊어질 수 있다. 그래야 이 책이 여러분에게 궁극적으로 요구하는 진정한 협동심, 이타심, 책임감 등이 생겨나고 민주시민의 기본 자질인 사회성을 기를 수 있을 것이다.

03

형법은 어떤 종류의
형벌을 내리나

마음에 생긴 장애와 흠집은 육체의 상처와도 같다.
상처를 치료하려고 가능한 모든 방법을 동원하지만 흉터는 여전히 남는다.
– 프랑수아 드 라로슈푸코 –

친구에게 빵셔틀을 시키고 정기적으로 용돈을 상납하도록 강요하며, 말을 듣지 않으면 폭행을 일삼아 온 불량 중학생들이 있다. 이들은 현재 감옥살이를 하고 있다. 피해 학생이 괴로움을 견디다 못해 자살을 했기 때문이다. 그런데 징역 기간은 흔한 말로 '장난'이 아니다. 최소한 몇 년은 감옥에서 지내야 한다. 아무리 불량한 짓을 했더라도 어린 나이에 그런 오랜 기간을 감옥에 있어야 한다면 조금은 측은할 수도 있다. 하지만 괴롭힘에 고통스러워하다 꽃다운 나이에 목숨을 버린 친구의 인생을 생각해보자. 누가 더 안타깝고 소중한가. 불량 학생들은 교도소 생활을 마치고 다시 자신의 인생을 살아갈 것이다. 그러나 피해 학생은 즐겁고 행복하게 살아갈 날이 훨씬 많았지만, 그것을 뒤로 하고 영영 돌아오지 못할 곳으로 가버렸다.

이처럼 비행청소년이나 유해한 환경에 놓인 청소년들의 공통점은 사회질서의 중요성과 필요성을 인식 못하고 있다는 점이다. 미안한 표현이지만 어떤 경우에는 무식하다 싶을 정도다. 또 다른 공통점은 무엇인지 아는가? **바로 자신의 비행에 대한 처벌 수위를 모르고 있다는 점이다.** 14살이 넘으면 형법이 적용되는데도 여전히 학교에서처럼 가볍게는 체벌, 심하다 해도 정학이나 퇴학 정도로 넘어갈 거라고 '사소하게' 여기는 친구들이 많다. 하지만 과연 그럴까?

범죄 행위에 대한 처벌규정은 앞으로도 계속 살펴보게 되겠지만 우선 형벌의 종류부터 살펴보자. 형법 제41조는 형벌의 9가지 종류를 소개하고 있다. 사형, 징역, 금고, 자격상실, 자격정지, 벌금, 구류, 과료, 몰수의 9가지에 대해 규정하고 있는데, 대체로 형벌의 무겁고 가벼움도 이 순서대로 보면 된다. 용어가 생소하고 좀 어려울지 모르지만 '사형'과 같이 무슨 뜻인지 잘 알고 무시무시한 느낌이 확 전해지는 단어들도 있을 것이다. 조심하자. 남 얘기가 아니다. 이제 형법이 적용되는 14살 여러분의 이야기이다.

사형

가장 중한 형벌이다. 생명을 강제로 박탈하는 것이니 말이다. 사형 제도를 폐지한 국가도 많지만 우리나라에는 아직 남아있다. 사형 집행은 거의 목을 매다는 방식으로 진행된다. 사회 분위기가 인간 존엄성에 기울어 있어 장기간 집행을 하지 않고 있는 추세일 뿐 법원에서는 여전히 극악무도한 범죄자에게 사형을 선고하고 있다. 인간 생명의 존엄보다는 사회질서유지를 위한 법적 심판이 더 필요한 '대형사건'이 터져 사회 분위기를 뒤엎게 되면 다시 사형 집행이 개시될지도 모른다. 영화 '집행자'가 바로 그런 내용이다.

청소년 범죄에 사형을 선고하는 경우는 드물지만 부모를 죽이는 패륜, 집단으로 여성을 성폭행하는 등 10대들의 범죄가 갈수록 잔인해지고 상습화되고 있기 때문에 누구도 장담할 수 없는 이야기이다. 폭발물을 사용하거나, 불을 질러 사람을 죽게 하거나, 교통을 방해하여 사람을 죽게 하는 등의 범죄도 사형을 선고할 수 있는 범죄에 속한다.

징역

교도소라는 한정된 장소에 가두고 강제노동을 하게 하는 형벌이다. 죽을 때까지 복무하는 무기징역과 1개월 이상 15년 이하의 기간이 정해져 있는 유기징역으로 구분되며, 유기징역에 형벌이 가중되면 최고 25년까지 복무할 수 있다.

금고

금고는 교도소 내에 가둔다는 점에서 징역과 같지만 강제노동은 시키지 않는다. 금고는 주로 과실로 범죄를 일으킨 경우나 사상 또는 정치적 확신이 범죄가 되는 경우에 선고한다. 간단히 말하면 파렴치하지 않은 범죄자에게 내리는 형벌이라 할 수 있다.

자격상실 · 자격정지

자격상실과 자격정지는 형벌을 받는 자에게 일정한 형벌의 선고가 있으면 자격이 상실, 정지되는 형벌이다. 그 자격은 공무원이 되는 자격, 선거권과 피선거권, 업무에 관한 자격 등을 말한다.

벌금

일정한 금액의 돈을 강제로 납부하도록 하는 형벌이다. 벌금을 납입하지 않은 사람은 그 벌금의 액수에 따라 1일 이상 3년 이하의 기간 동안 노역장에 가둬 작업에 복무하게 한다. 벌금을 낼 돈이 없으면 몸으로 때우는 것이다.

구류

금고와 같지만 그 기간이 1일 이상 30일 미만이라는 점이 다르다. 주로 가벼운 범죄에 적용하며, 교도소에 가두는 것이 원칙이지만 실무상 경찰서의 유치장에 가두는 경우가 많다.

과료

벌금과 같지만 그 금액이 2천 원 이상 5만 원 미만의 것을 말한다.

몰수

범죄행위와 관계있는 물건을 박탈하여 국가의 재산으로 만드는 처분이다. 앞서 언급한 다른 형벌들에 더하여 처벌되는 경우가 많다.

　형법이 내리는 형벌의 종류를 모두 외워둘 필요는 없다. 아직 14살에는 해당하지 않는 형벌도 많으니 말이다. 하지만 해당될 가능성 있는 몇 가지는 알아두는 편이 좋다. 바람직하지 못한 행동에 대한 처벌을 인식하고 있으면 나쁜 짓을 하고 싶은 마음을 억제하는 효과가 있기 때문이다. 우발적이고 현실을 도피하려는 행위조차 자제가 가능하다. 특히 목을 매달아 죽이는 '사형'은 잊지 말고 기억하자. 워낙 무시무시해서 비행을 생각조차 할 수 없을 것이다.

생활법률 TIPS

K군은 유흥비를 마련하기 위해 늦은 저녁, 대문이 열려 있는 남의 집에 돈을 훔치려고 들어갔어요. 마침 집밖으로 나오는 주인을 마당에서 만나게 되어 도망을 쳤지만 멀리 못가서 붙잡혔지요. 결과적으로 돈을 훔치지 않았고 대문은 열려있던 것인데도 죄가 될까요? 물론입니다. 일단 남의 집에 물건을 훔치려고 들어간 것은 그 자체로 주거침입죄에 해당돼요. 밤에 그 행위를 하면 더 심각해져요. 곧바로 절도죄를 실행에 옮긴 것으로 보거든요. 절도를 하려다 못했더라도 미수범(범죄를 실행에 옮겼으나 그 행위를 끝마치지 못했거나, 범죄 결과가 발생하지 않은 범죄)으로 처벌받게 됩니다.

형법이 양보하는
소년보호사건과 그 시설·제도

C군이 다니는 중학교에는 2학년 때부터 학생들의 돈을 매일같이 갈취해 온 불량친구 M군이 있다. 1년 넘게 피해를 당한 학생들이 견디다 못해 경찰에 신고했고, 처음에는 보호관찰이라는 처분을 받았다. 그런데 M군의 환경은 경찰에 신고되기 전과 다를 게 전혀 없었다. 집에서 부모님과 함께 살았고 아무 일 없던 듯 학교도 다녔다. 1년 넘게 수백만 원에 이르는 돈을 갈취한 M군이 받은 보호처분이라는 것이 도대체 어떤 처벌인지 모두들 궁금할 수밖에 없었다. 경찰서에 다녀온 것조차 맞는지 의문을 가지는 사람들도 있었다.

그 후 M군은 오히려 신고한 학생들을 몰래 찾아다니며 더욱더 괴롭혔고, 몇 달 뒤에는 피해 학생 중 한명이 병원에 입원할 정

결과적으로 좋지 않은 일이 발생했지만, 그렇다고 M군의 초기 불량 행위가 계속되거나 더 심각해질 것이라는 단정은 어느 누구도 내릴 수 없다. 비록 비행을 저지르긴 해도 청소년을 최대한 보호하고 배려하다 보니 종종 이런 부작용이 생기는 것이다.

만 14살 이상 만 19살 이하의 청소년이 저지른 범죄가 벌금 이하의 처벌에 해당하는 경우, 그 사건은 법원의 소년부로 넘겨진다. 형사법원의 판결 선고가 아닌 '소년보호사건'으로 심리하여 처분하는 것이다. 왜 그럴까? 그것은 벌금 이하의 형에 해당하는 청소년의 비행이 비록 범죄이긴 하지만 개선 가능성이 있을 경우로 판단되면 처벌보다는 진단⇒처방⇒치료·재활에 더 큰 비중을 두기 때문이다. 앞서 말한 바와 같이 청소년의 미래와 정서를 최대한 보호하고 배려하는 것이다.

소년보호처분은 법원 소년부 판사가 비행소년에 대한 사건을 검토한 후 내리는 처분이다. 그 소년이 다시 착한 사람으로 이끌어지는 데 가장 적절한 방법이라고 판단되는 처분을 내리게 되며 총 7

가지로 분류된다. 나쁜 짓 하다가 걸린 친구들 중 "누구는 몇 호, 누구는 몇 호 처분을 받았더라"라는 얘기를 들어보았다면 바로 이 분류를 말하는 것이다.

1호 처분

가족 또는 가족을 대신하여 청소년을 보호할 수 있는 사람에게 감독 하도록 맡기는 것으로, 사실상 청소년을 종전의 환경으로 되돌려보 내는 것이다.

2 · 3호 처분

비행청소년이 하는 행동들에 대해 보호관찰관의 보호관찰을 받게 하 는 처분이다. 최대 6개월의 단기보호관찰을 하는 2호 처분과 6개월 이상 2년 이하의 장기보호관찰을 하는 3호 처분으로 나뉜다. 보호관 찰을 받는 기간 중에 또다시 나쁜 짓을 하면 6호나 7호의 더 무거운 처분을 받게 된다.

4호 처분

소년원이 아닌 아동복지시설, 기타 소년보호시설에 들어가 그곳의 지 도와 감독을 받으며 생활하는 처분이다. 소년원보다 강제적 요소가 약한 대신 복지적 성격이 강하다.

5호 처분

청소년의 비행이 정신적·정서적 결핍에 원인이 있는 경우 그 개선을 위해 병원 또는 요양소에 보내는 처분이다. 위탁 기간을 6개월로 하되, 6개월의 범위 내에서 1차에 한하여 그 기간을 연장할 수 있다.

6·7호 처분

소년원에 보내는 처분이다. 행실이 매우 나쁘고, 소년원에 수용하여 교화해야 할 필요성이 절실한 청소년들에게 주로 내려진다. 6호 처분은 단기간의 집중교화로 개선 가능한 소년을 6개월 미만의 단기간 동안 소년원에 수용하는 것이고, 7호 처분은 수용 기간이 결정되지 않고 소년원법상 23세까지도 수용이 가능한 가장 강력한 보호처분이다.

종종 잘못을 저질렀음에도 형사처벌이 아닌 보호사건으로 처리되자 계속해서 보호사건으로만 처리될 줄 알고 지속적으로 범행을 저지르는 청소년들이 있다. 또는 운 좋게도 보호사건으로 처리되자 마치 형사처벌을 받을 수 있는 기회가 한 번 더 부여된 것처럼 여기고 또 다시 비행을 저지르는 경우도 있다. 정말 어리석은 일이다. 모두가 비난받아 마땅하며, 그런 청소년들의 범행에 대한 처벌은 종전과 같지 않다. 더 무겁고 엄하게 처벌할 수밖에 없다.

보호처분은 형사처벌과는 달리 청소년의 장래에 부정적인 영향을 미치지 않아야 한다는 점에서 그 시설·제도의 역할이 매우 중요하게 취급되고 있다.

소년원

보호처분 결정을 받은 범죄소년을 수용하여 특성화교육, 직업훈련, 인성교육, 특별활동 등을 통한 전인적인 성장발달을 도모한다. 법무부 소속의 중등정규교육기관이기도 해서 소년원 내에서도 정규과정의 학과 이수가 가능하다.

소년분류심사원

법원 소년부에서 위탁된 청소년을 수용·보호하면서 이들의 자질을 과학적으로 진단·분류 심사하는 곳이다. 아울러 법원이 상담조사를 의뢰한 청소년의 상담과 조사를 행하는 국가시설이다.

보호관찰소

보호관찰의 실시 및 범죄예방활동 등 보호관찰 행정실무를 담당하는 곳이다.

사회봉사명령

범죄 또는 비행을 저지른 16살 이상 소년에 대하여 보호관찰처분을 하면서 일정한 시간을 정하여 사회봉사활동을 하도록 명령하는 제도이다. 공원이나 등산로의 쓰레기 줍기, 장애자 시설이나 양로원 및 지역사회 복지관 등 사회복지시설에 대한 봉사활동, 문화재보호 활동, 농촌일손 돕기 등 다양하다.

수강명령 집행

죄 또는 비행을 저지른 16살 이상 청소년에 대하여 보호처분을 하면서 일정한 시간을 정하여 수강할 것을 명령하는 제도이다. 비교적 가벼운 비행을 저지른 소년에 대하여 심성수련, 인간관계훈련, 준법정신교육 등은 물론 성교육, 약물남용교육 또는 교통규범교육 등도 실시한다.

거듭 부탁이지만, 이 모든 시설과 제도들은 책으로만 만나길 바란다. 직접 가보거나 경험하는 일은 제발 없었으면 한다.

무시무시한 형법도 지켜야 할 대원칙

|

누구든지 법률에 의하지 않으면 처벌을 받지 않는다.
– 헌법 제12조 제1항 –

국회의원들은 매년 수많은 법을 만들거나 바꾸는 일을 하고 있다. 그러나 형법은 자주 바뀌지 않는 대표적인 법률이다. 그리고 어떤 행위가 죄가 되고 그 죄에 대하여 어떤 형벌을 내릴 것인가는 미리 법으로 정해져 있어야 한다는 원칙이 있다. 형법의 기본원리인 '죄형법정주의'가 바로 그것이다. 쉽게 표현해보면 "법률에 정해 놓지 않으면 아무리 나쁜 행위라도 범죄라 할 수 없고, 처벌할 수도 없다"는 말이다. 마치 범죄자의 못된 행위가 법률로 규정되어 있지 않다는 이유로 면죄부를 줄 수도 있는 것처럼 보이지 않는가? 물론 그런 극소수의 역기능이 전혀 없진 않지만, 그보다는 사람에게 엄중한 형벌을 내리는 법이 모든 이에게 신뢰받을 정도의 공명정대한 것임을 분명히 하는 순기능이 더 크다. 반대로 해석하면 **법률에 정해 놓은 나쁜 행위는 법에 따라 엄격히 처벌한다는 뜻을 가지는 셈이니 말이다.** 형법은 마치 지킬 박사와 하이드 같은 것이다.

형법은 이 죄형법정주의라는 원칙 아래 적용되는데 그 원칙은 실행과 적용 시점에 따라 몇 가지 이론으로 또 나뉘게 된다. 약간 어렵게 느껴질 수 있지만 형법이 적용되는 원칙을 쉽게 접할 수 있는 기회이므로 기억해두기 바란다.

법률주의

간단히 말해 범죄와 형벌은 모두에게 적용되는 법조문으로써 분명히 해두어야 한다는 원칙이다. 교통과 통신의 발달이 되지 않던 과거에는 지역마다 각기 다른 관습이 있었고 그 관습이 곧 법이기도 했다. 그러나 전국이 1일 생활권 내에 들게 된 현대에는 관습법을 적용하는 것이 금지되고 법률에 명백히 규정된 조항으로만 규율하도록 하고 있다. 단, 위임 범위가 법률에 명백히 규정되기만 한다면 조례에 위임하는 것도 가능하다.

소급금지

'소급'이란 말은 지나간 일이 지금의 것에 영향을 미친다는 말이다. 즉, 소급금지의 원칙은 법 시행 이후에 이루어진 행위에 대해서만 법 적용을 해야 하고 시행 이전의 행위에까지 거슬러 올라가 적용해서는 안 된다는 것을 말한다. 예를 들어 '불량식품을 만드는 사람뿐만 아니라 사먹는 사람도 벌금을 내야 한다' 는 법이 오늘부터 시행되었다면, 오늘 이전에 불량식품을 사먹은 사람들은 처벌하지 않고 오늘부터 사먹는 사람만 처벌하는 것이다. 이 원칙은 법을 적용함에 있어서 안정적이고 예측이 가능하도록 하는 배려에 기초하고 있다.

명확주의

형법은 그 위법한 행위의 유형을 명확하게 규정해야 한다는 원칙을 가지고 있는데 이것이 바로 명확성의 원칙이다. 예를 들어, 사람을 살해하는 행위가 살인죄가 되고, 타인의 재물을 훔치는 행위가 절도죄를 구성한다는 식으로 그 요건과 법적 결과를 명확하게 규정해야 한다는 원칙인 것이다. 범죄가 구성되는 요건에 관한 규정이 불명확한 경우에는 앞서 보았던 죄형법정주의에 위배되는 것으로 본다.

유추해석금지

종종 법률에 규정이 없는 사건이 발생할 때가 있다. 이때 그것과 유사한 성질을 가지는 사항에 관한 법률을 적용하는 것을 금하는 원칙이다. 부당하게 그리고 새로이 형벌을 과하거나 형을 가중하는 유추해석을 금지하기 위해 존재한다.

다소 이론적인 이야기가 전개되었지만, 이 이론들을 통해 형법에 대해 좀 더 자세히 알게 되었을 것이다. 결국, 죄형법정주의라는 것은 정의를 구현함에 있어서 조금의 억울함과 부당함이 없도록 하기 위한 원칙 중의 대원칙이라는 것을 기억하기 바란다.

생활법률 TIPS

K군은 무료로 제공되는 소프트웨어를 다운받아 CD로 제작한 뒤 사람들에게 돈을 받고 판매를 했어요. 어차피 소프트웨어를 개발한 사람도 돈을 받지 않고 프로그램을 배포했으므로 사고파는 행위에 아무런 잘못이 없을 것이라 여긴 것이죠. 그러나 무료 프로그램이라도 저작권자가 그 권리 자체를 포기한 것은 아니기 때문에 저작권리는 보호가 됩니다. 따라서 저작권자의 동의 없이 무료 소프트웨어를 판매하는 행위는 저작권 침해 행위에 해당되므로 주의해야 해요.

형법!
위법하면 적군, 준법하면 아군

법은 다른 어떤 것보다 우리의 권리를 강하고
확실하게 지켜줄 수 있는 수단이고 우리의 편이다.

몸이 늘 근질근질한 청소년 시기에는 '규칙'이라는 것을 매우 성가시게 여기기 마련이다. 조금만 계도하려 해도 자신을 옥죄려 한다고 여기며 투덜거리곤 하는데, 이런 짧은 생각은 13살 이후로는 머리에서 몰아내야 한다. 14살이 되었으면 생각과 의식을 보다 성숙하게 바꾸어야 한다. 본래 규칙이란 처벌하고 가두려는 것보다는 처벌되지 않도록 보호하고 그 속에서 자유롭게 되기를 바라는 기능이 더 크다고 할 수 있다. 무엇보다도 형법은 나쁜 범죄를 하지 않도록 해서 공공의 질서와 안녕을 지키기 위해 제정된 규칙이다.

만약 형법이라는 것이 만들어지지 않았거나, 그 법이 사람의 행위에 대해 철저한 규제를 하지 않았다면 이 사회가 어떻게 변했을까? 사람들에게 자유를 준 것 같지만 결코 자유롭지 못한 삶을 살았을 것이다. 여기저기에서 힘세고 못된 놈들이 별다른 제약 없이 우리 재산을 빼앗아 가고, 대낮에도 흉악한 범죄자들이 활개를 치고, 기분 나쁜 날이라는 이유만으로 사람을 칼로 찌르는 '묻지마' 범죄가 범람하고도 남는다. 그 피해자가 다른 사람일 것 같은가? 아니다. 바로 여러분과 여러분의 가족이 될 수 있다. 여러분의 엄마, 아빠, 형제 말이다.

법이라는 것은 지키면 아군이지만, 어기면 적군이 된다. 너무도 당연한 사실이지만 안타깝게도 많은 친구들이 가해자가 되었든 피해자가 되었든 사건을 경험하고 나서야 그 사실을 깨닫는다. 그러다가는 분명 크게 후회한다. 돈을 빼앗고, 빼앗긴다는 두 가지 경우를 예로 들어보자. 먼저, 여러분이 가출 뒤 유흥비와 생활비 마련을 위해 강도짓을 했다고 가정해보자. 그 순간 여러분은 강도죄를 규율하는 형법이 동원하는 모든 것들과 적이 된다. 출동한 경찰에 쫓기고, 잡히면 검찰의 수사를 받고, 법원의 심판을 받으며, 교도소의 형벌을 감내해야 한다.

반대로 여러분이 몇 년간 애써 모은 큰돈을 강도에 의해 빼앗겼다고 가정해보자. 그 순간 여러분은 강도죄와 손해배상을 규율하는 형법과 민법이 동원하는 모든 절차들과 동지가 되는 것이다. 이 동지들은 모두 여러분의 편을 들어 돈을 빼앗아 간 강도를 잡는 것은 물론 빼앗긴 돈을 되찾는 일에 최선의 수단을 제공한다. 이처럼 똑같은 법이지만 어기는 편과 지키는 편에 대한 태도와 효과가 정반대가 된다. 법을 아군으로 또는 적군으로 만드는 일은 법에게 달리지 않았다. 바로 여러분에게 달려있다.

세상이 삭막해져 가면서 도통 범죄율이 줄어들 기미를 보이지 않고는 있지만 그래도 형법이 이 사회에 우뚝 서 있기 때문에 범죄자들이 더 큰 기승을 못 부리는 것이다. 이렇게 든든한 규칙이 여러분에게 무슨 옥죄는 일이겠는가. 법은 지키는 사람에게는 자유와 보호를 보장하고 어기는 사람에게는 격리와 감호를 부과한다.

이제 어느 정도 형법에 대한 선입견을 버릴 수 있을 것이다. 다시 한 번 말하지만 형법은 적군으로 존재하다 필요에 따라 같은 편이 되는 것이 아니다. 늘 아군으로 곁에 존재한다. 다만 여러분이 법을 위반하고 범죄의 편에 선다면 스스로 형법의 적이 되기를 선택하는 것이다.

〈소년보호재판〉에 대하여

소년보호재판의 기능과 대상

소년보호재판은 19살 미만 청소년의 범죄사건에 대하여 환경을 바꾸고, 성격과 행동을 바르게 하기 위해 보호처분을 하는 재판이다.

14살 이상 19살 미만의 소년이 죄를 범한 경우 이를 '범죄소년', 10살 이상 14살 미만의 소년이 형벌 법령에 저촉되는 행위를 한 경우 '촉법소년'이라고 하며, 10살 이상 19살 미만 소년 중에서도 집단적으로 몰려다니며 주위 사람들에게 불안감을 조성하거나, 정당한 이유 없이 가출하거나, 술을 마시고 소란을 피우거나 유해환경에 접하는 버릇이 있고, 소년의 성격이나 환경에 비추어 앞으로 형벌 법령에 저촉되는 행위를 할 우려가 있는 경우를 '우범소년'이라 하는데 모두 소년보호재판의 대상이다.

소년보호재판의 절차

송치 | 나쁜 짓을 저질러 경찰서에 다녀온 경험이 있는 청소년들은 들어봤겠지만, 송치란 경찰서장, 검사, 법원 등이 사건, 기록 등을 다른 관공서 등에 보내는 것을 말한다. 소년보호사건을 법원 소년부에 송치하는 경우

는 경찰서장의 송치, 검사의 송치, 법원의 송치 등 3가지가 있다.

- 촉법소년과 우범소년에 해당하는 청소년이 있을 때 경찰서장은 직접 관할 법원 소년부에 송치한다.
- 검사는 청소년에 대한 형사사건을 수사한 결과 보호처분에 해당하는 사유가 있다고 인정한 경우 사건을 관할 법원 소년부에 송치한다.
- 법원은 청소년에 대한 형사사건을 심리한 결과 보호처분에 해당할 사유가 있다고 인정하면 형사사건으로 처리하지 않고 사건을 관할 법원 소년부에 송치한다.

통고 | 범죄소년, 촉법소년, 우범소년을 발견한 보호자 또는 학교장 · 사회복리시설의 장 · 보호관찰소장은 이를 관할 법원 소년부에 통고할 수 있다. 통고는 경찰서, 검찰청 등의 수사기관을 거치지 않고 직접 사건을 법원에 접수시키는 절차이다. 청소년 문제의 초기 단계에서 간편하게 법원에 문제의 해결을 의뢰할 수 있다는 점, 청소년을 수사기관에 보내서 수사를 받게 하는 부담을 주지 않고 문제를 해결할 수 있다는 장점이 있다. 통고는 서면으로 할 수도 있고 말로 할 수도 있다. 통고를 할 때는 청소년과 보호자의 성명, 생년월일, 주거, 통고자의 성명, 통고하게 된 사유 등을 명확히 밝혀야 한다.

조사 | 소년보호사건이 접수된 후에는 조사단계로 넘어간다. 소년보호사건의 심판절차는 조사단계와 심리단계로 나눠지는데, 조사란 주로 청소년에 대한 보호의 필요성에 관한 자료를 수집·분석하는 것으로 생활환경조사의 기능을 가지고 있다. 심리란 조사된 자료를 기초로 하여 비행 및 보호의 필요성이 있는지 여부를 판단하고 적절한 보호처분을 결정하는 것을 말한다.

조사활동은 소년부 판사가 관장하는 것이기는 해도 조사의 특성을 살리기 위해 전문가인 조사관이 판사의 지시를 받아 조사하게 된다. 소년부 판사는 조사관으로 하여금 송치 또는 통고된 청소년, 청소년의 보호자 등을 심문할 수 있고, 그 밖에 필요한 사항을 조사하게 할 수 있다. 조사 또는 심리를 할 때에 정신과 의사·심리학자·사회사업가·교육자나 그 밖의 전문가에게 진단을 의뢰하여 그 의견을 참고할 수도 있다.

사건을 조사 또는 심리하는 데 필요하다고 인정되면 청소년의 감호에 관하여 다음 중 어느 하나에 해당하는 조치를 할 수 있다. 물론 그 임시조치는 적절하지 않았거나 필요하다면 언제든지 취소하거나 변경할 수 있다.

- 보호자, 청소년을 보호할 수 있는 적당한 자 또는 시설에 위탁.
- 병원이나 그 밖의 요양소에 위탁.
- 소년분류심사원에 위탁.

심리 | 소년부 판사는 송치서 또는 통고서와 조사관의 조사보고 등에 따라 사건을 심리할 필요가 있다고 인정하면 심리를 시작한다는 결정을 한다. 이를 '심리개시결정' 이라 하는데 이때에는 심리 날짜를 지정하고 청소년과 보호자를 불러들이며, 보조인이 선정된 경우에는 보조인에게 심리 날짜를 알린다. 심리는 비공개로 진행되지만 순서는 다음과 같다.

- 청소년, 보호자 등의 인적 사항 등을 확인.
- 불리한 진술을 거부할 수 있는 권리가 있다는 점을 알림.
- 어떤 비행에 대하여 의심을 받고 있다는 사실을 알리고 청소년에게 변명의 기회를 부여.
- 비행을 하였는지 여부에 대하여 심리.
- 보호처분할 필요성이 있는지와 관련된 사실에 대하여 심리.
- 소년부 판사의 최종적인 결정.

결정 | 소년부 판사는 조사와 심리를 한 결과 보호의 필요성이 있는지, 그 정도는 어떠한지 등을 판단하여 다음과 같은 결정 중에서 하나를 정하게 된다.

- 불처분 결정: 보호처분을 할 수 없거나 할 필요가 없다고 인정하는 경우 아무런 처분을 하지 않기로 하는 결정이다. 처분을 하지 않는 결정이므로 사건은 종결된다.

- 검사에게 송치: 조사 또는 심리한 결과 금고 이상의 엄중한 형에 해당하는 범죄 사실이 발견되고 그 동기와 죄질에 비추어 형사처벌을 할 필요가 있다고 인정하는 경우 검사에게 송치하는 결정이다.
- 소년보호처분 결정: 보호처분을 할 필요가 있다고 인정하는 경우에 내리는 결정이다. 10가지 보호처분 중에서 선택을 하는데, 그중에서 몇 가지 보호처분을 함께 묶어서 할 수도 있다.

형법이 잡아 가둔 10대, 그들은 무슨 짓을 저질렀을까?

청소년 범죄의 특징

|

준법은 특별한 시기를 정해 놓고 하는 것이 아니다.
기회를 엿보지 말고 준법할 자세를 항상 갖추고 있어야 한다.

10대들의 범죄가 사회적으로도 매우 심각한 지경에 이르렀음은 TV뉴스나 신문에서뿐만 아니라 학교를 통해서도 자주 전해지고 있다. 전체 범죄 중 10대들의 범죄가 차지하는 비중이 커가는 것은 물론, 10대 범죄의 증가율 또한 일반 범죄의 증가율을 훨씬 상회하고 있다. 검찰청이나 경찰청이 보고하는 통계 수치보다 사회적으로 인식되는 체감 수치는 훨씬 높고 심각하여 매우 우려가 된다. 가장 큰 문제는 청소년 범죄가 청소년기에 그치는 것이 아니라 상당 부분 성인 범죄로 발전한다는 점이다. 10대 시절 범죄를 저지른 사람 6~7명가량이 성인이 되어서도 범죄를 저지른다는 보고도 나와 있다.

이런 10대의 범죄에는 큰 특징이 있다. 여러분 스스로 느낄지도 모르지만 개인적인 활동보다 집단을 더 좋아하고 즐긴다는 점, 범죄 연령이 점점 낮아지고 있다는 점, 범행의 방법이 갈수록 지능적이고 폭력적이라는 점 등이다.

청소년도 사회적 동물이다(조직화)

영화를 보면 어른들이 조직을 만들어 폭력과 마약 등을 일삼으며 각종 범죄를 저지르는 장면을 심심치 않게 볼 수 있다. 이와 같은 집단 범죄는 당연히 성인범이 더 많을 것이라 생각하는가? 그렇지 않다. 소년범이 성인범보다 집단 범죄를 저지르는 경우가 더 많다. 청소년 범죄가 갈수록 난폭해지고, 성인들에게까지 거침없어지는 이유는 집단의 힘을 믿고 '까불기' 때문이다. **여러 명이 함께 하면 단독으로는 불가능한 범행도 가능하고, 죄책감이나 책임에 대하여 연대하거나 나눠서 부담한다는 착각에 빠진다. 실제로는 처벌이 가벼워질 수 없는데도 말이다.** 범행을 서로 조장하고 용인하는 성격도 있어서 청소년들은 집단 소속의 욕구가 강하다. 여럿이 모이면 왠지 힘이 세진 것 같아 쓸데없는 객기까지 생기는 것이다. 공통적 관심과 흥미를 가진 사람들끼리 자연스럽게 모여지는 이유도 있긴 하지만, 보복이나 후환이 두려워 탈퇴를 못하기도 한다.

어리다고 놀리지 말아요(저연령화)

성폭행, 폭행치상, 살인강도 등과 같은 범죄는 대체로 성인 범죄자의 전유물 같은 것이었다. 그러나 10대의 범죄 종류에 이와 같이 포악하고 무자비한 범죄가 엄연히 존재한다는 것은 이제는 익숙한 이야기가 되었다. 심지어는 초등학생까지도 각종의 흉악범죄를 모방한다. 텔레비전과 인터넷을 통해 청소년들이 여과 없이 폭력적이고, 선정적인 모방 대상을 접한 탓도 있고, 이성과 판단력이 부족한 상태에서 몸집만 크다보니 생각 없는 짓을 잘 저지르는 것이다.

죽을래? 맞을래?(폭력화)

과자를 사먹고 PC방에 가기 위해 푼돈이 필요할 때는 심한 으름장이나 주먹질이 필요하지 않다. 또래 집단의 용돈을 빼앗기란 아주 쉬우니까 말이다. 그러나 친구들과 술을 마시고, 노래방이나 찜질방에 가서 흥청망청 쓰려면 돈이 많이 필요해진다. 그래서 돈 많은 어른을 대상으로 범행을 저질러야 하는데 어른들은 단순한 으름장이나 주먹 위협에 쉽게 굴하지 않는다. 그래서 집단으로 '무조건적인 폭력'을 행사한다. 심지어는 흉기를 휘두르며 뒤를 책임질 수 없는 일까지 벌인다.

잔머리는 전교 1등!(지능화)

10대에 가출을 하면 많은 돈이 필요하다. 유흥비는 물론이고 장기간 먹고 자는 문제까지 해결해야 하기 때문이다. 무식하게 길거리에서 대놓고 돈을 갈취하고 다니다간 오래 못 가 경찰에 잡힌다는 것을 알게 되고, 그러다 보니 곰도 구르는 재주가 생긴다고 차츰 머리를 사용하게 된다. 바로 컴퓨터 게임이나 아이템 등을 이용해 사기를 치는 것이다. 인터넷 상거래 사이트를 통해 존재하지도 않는 물건을 거래하는 척하며 돈만 받아 챙긴 뒤 사라지기도 한다. 이처럼 사기나 횡령 등과 같은 지능적인 범죄가 청소년 범죄의 주된 특징으로 부상하고 있다.

이상의 조직화, 저연령화, 지능화 등과 같은 청소년 범죄의 특징은 그 방향이 좋지 못한 곳으로 흐르기 때문에 부정적인 평가를 받는 것뿐이다. 비행을 저지르는 일만 아니라면 협동심, 슬기로움, 어른스러움 등으로 긍정적 평가를 받을 수 있는 특징이다.

생활법률 TIPS

음식을 먹고 돈 내지 않는 것을 무전취식이라고 해요. 이를 사소한 범죄로 여기는 사람이 많고 사기죄로 알고 있는 사람은 드물지요. 그러나 무전취식은 사기죄에 해당해요. 음식을 주문하기 전 음식 대금을 지불할 능력이 없다는 사실을 알면서도 대금을 지불할 능력이 있는 것처럼 속여 음식을 주문하여 먹고 그 대금을 지불하지 않은 것이기 때문이지요.

나쁜 짓의 종류,
오열 종대로 헤쳐 모여!

法, 살고자 한다면 반드시 지킬 것이고,
어기고자 하면 반드시 죽을 것이다.

형법상의 범죄는 그 법이 보호하는 이익이나 가치에 따라 국가적, 사회적, 개인적인 것으로 나눌 수 있다. 국가의 존립·권위·기능 등에 대한 죄, 공공의 안전·범죄단체 조직·공공의 신용·사회도덕 등에 대한 죄, 개인의 생명·신체·자유·정조·명예·신용·사생활·재산에 대한 죄에 따라 세분화할 수 있다. 이중 청소년 범죄는 주로 개인에 대한 침해가 대부분이지만, 불량조직을 만들거나 공기업이나 관공서 컴퓨터 해킹 등 공공의 질서를 위협하는 분야도 늘고 있는 추세다. 수사기관이나 법학계에서는 죄의 형태와 질, 동기 등에 따라 범죄의 유형을 다양하게 구분하고 있는데, 여기서는 청소년 범죄의 주된 유형인 재산범, 조폭범, 흉악범, 과실범, 기타범죄 등 5가지로 나누어 살펴보기로 하겠다.

재산범

남의 재산을 훔치거나 그것을 되파는 일, 몰래 빼돌리거나 빼앗는 일, 파괴하는 일 등을 저지른 범죄자를 통틀어 재산범이라고 한다. 절도죄·장물죄·사기죄·횡령죄·손괴죄 등이 그것에 해당하는데, 흉악범에 속한 강도죄와 조폭범에 속한 공갈죄도 재산범에 중복되어 포함된다.

재산범은 국가나 사회가 아닌 순전히 개인적 법익을 보호하는 범죄이다. 그렇기 때문에 재산의 권리가 있는 사람으로부터 그 재산의 손괴를 승낙받은 경우라면 외형상 재산범의 형태를 띠었다 하더라도 원칙적으로 범죄가 성립하지 않는다. 피해자의 승낙을 받고 가져가거나 파괴한 것은 죄라고 보지 않기 때문이다. 종종 이런 원칙을 악용해 피해자로부터 사전 승낙을 받은 것처럼 위장하는 범인들도 있다. 그러나 사실과 다르거나 정당하지 않은 방법으로 그런 짓을 하면 추가적인 범행이 되고, 나중에 밝혀질 경우 더 큰 처벌을 받게 된다.

조폭범

사람을 위협하거나 때리거나 다치게 해서 피해를 입히는 사람을 조폭범이라 한다. 조직(組織)폭력의 약자가 아니라 '거칠 조(粗)'자를 사용해 거칠고 사납다는 의미를 가진다. 폭행죄·상해죄·협박죄·공갈죄 등이 여기에 해당된다. 우연한 기회에 우발적으로 벌어진 범행도 있지만, 상습적이면서도 의도적인 동기를 지닌 경우도 많다. 폭력행위는 기본적 윤리와 사회질서를 침해하는 일이기 때문에 엄중하게 단속된다. 그래서 폭력행위 등의 처벌에 관한 법률, 특정범죄가중처벌 등에 관한 법률이라는 특별법을 만들어서까지 규율하고 있다.

흉악범

다른 사람 또는 가족을 죽이는 일, 죽이는 일을 부탁하거나 맡는 일, 미성년자를 약취하거나 유괴하는 일, 성폭행·방화 등을 저지른 사람을 흉악범이라 한다. 살인죄·강도죄·성폭행죄·방화죄 등이 여기에 해당된다. 말 그대로 흉악한 범죄이므로 치안과 수사를 맡는 경찰이나 검찰은 흉악범의 처리를 위해 전담부서를 두고 특별한 대책을 강구할 정도다. 특히, 집단적이고 상습적인 조폭 행위는 매우 엄중하게 단속한다.

과실범

일반적으로 과실이라 하면 잘못이나 허물을 뜻하지만 법률상으로는 과실의 의미가 약간 다르다. 간단히 말하면, 부주의 등으로 인해 어떤 결과의 발생을 미리 내다보지 못해 저지른 행위를 과실이라 한다. 반대말로 '고의'가 있다. 고의가 아닌 실수도 죄가 될까? 그렇다. 그 자체만으로 죄가 되지는 않지만, 결과의 발생을 피하기 위해 적절한 수단을 취하지 않았다면 법을 어긴 것이 되어 죄가 성립한다. 다시 말해, 행위자가 주의를 했더라면 결과 발생을 예견할 수 있었고, 그 예견된 결과 발생을 피할 수 있음에도 불구하고 피하기 위한 수단을 강구하지 않은 경우 죄가 성립되는 것이다.

이제부터는 범죄의 유형별 실제 사건들과 그에 대한 처벌규정을 접하게 될 것이다. 긴장감과 참담함이 온 몸을 뒤덮는 사건도 많이 있다. 따분했던 법 이론들에 대한 거부감은 싹 사라지고 정신을 바짝 차리게 될 것이다. 지금도 "어머나, 도대체, 어쩌나, 정말로"라는 말이 저절로 나올만한 엄청난 사건들이 많이 일어나고 있다. 강 건너 남의 집 불구경하는 것처럼 사건을 접하지 말고 언젠가 나에게도 일어날 수 있다는 경각심을 가지고 반드시 타산지석으로 삼아야 한다.

생활법률 TIPS

고등학교를 중퇴하고 생산회사에 다니던 K는 직원들이 퇴근한 후 혼자 남아 동료 여직원의 잠겨있는 책상 서랍을 열고 남자친구로부터 받은 편지와 여직원이 쓴 편지를 훔쳐봤어요. 이 사실을 알게 된 여직원이 K를 고소했고, 경찰서에서 조사를 받게 되었지요. K는 "잘한 짓은 아니지만 그렇다고 편지 따위를 훔쳐본 것이 무슨 죄가 되냐"라고 반박했지만, 잠금장치를 풀고 다른 사람의 편지나 문서, 도서를 보는 행위는 형법이 규율하는 비밀침해죄에 해당하여 피해자가 원하면 처벌할 수 있어요.

너무나 치사한 짓,
재산범

준법정신은 누구로부터 빌려 쓸 수 있는 것이 아니다.
내 속에 마련되어 있어야 제때 발휘되는 것이다.

재산과 관련한 범죄는 소년들이 저지르는 나쁜 짓 중 조폭범죄 다음으로 큰 비중을 차지하는 범죄이다. 소년재산범의 범죄유형은 절도, 사기, 장물, 손괴 등으로 나뉘는데, 이중 절도범죄의 비중이 압도적으로 높다. 그 다음으로 사기, 장물, 손괴 순이다. 이 문제가 심각한 것은 소년재산범죄에 있어서 14~15살 정도의 어린 연령층이 주도적인 범죄 연령으로 부각되기 때문이다.

절도사건

'정확한 표현과 상세한 묘사, 때론 소설의 형식을 빌리기도 한 일기.' 학교 숙제라면 매우 모범적일 수 있겠지만, 사실은 대구의 어느 15살 도둑의 범죄 일기에 대한 표현이다. 이 어린 도둑은 빈 집에 들어가 현금과 금품을 절도한 행적을 훔친 노트북에 일기를 쓰듯 상세히 기록했고, 이 노트북을 중고매매업체에 팔려다 '절도' 범행이 들켰다. 내용이 정확하고 상세하였던 만큼 빼도 박도 못하고 모든 범죄를 시인할 수밖에 없었다.

충청남도 보령에서 훔친 자동차를 이용해 부산, 대구, 울산, 목포 등에 소재한 빈집이나 상가에 침입해 현금과 귀금속을 훔친 13살 K와 15살 Y, 14살 H는 사는 곳은 충청북도 청주였지만 집단 가출 후 유흥비를 마련하기 위해 전혀 다른 지역인 보령에서 차를 훔치고 전국을 무대로 절도행각을 저질렀다. 얼굴을 못 알아보게 하기 위해 주로 야간에 범행을 저질렀지만 범행 장면이 CCTV에 포착되었고, CCTV를 분석한 경찰이 도주로를 따라 이들을 추적한 끝에 대전에서 붙잡을 수 있었다. 이들은 곧바로 '야간주거침입절도' 및 '특수절도' 등의 혐의로 입건되었다.

사기사건

낮은 윤리의식이 낳은 사이버 범죄의 가장 흔한 유형이 바로 사이버
사기이다. 성인인 P는 한 온라인 게임에서 아이템을 2만원에 사기로
했지만, 돈만 받은 상대 중학생이 연락을 끊어버려서 사이버경찰청
에 신고를 했다. 하지만 유사한 사이버 사기 사건을 이미 몇 천 건씩
신고 받은 경찰서는 업무가 마비될 지경이 되었고, 업무의 과중으로
인해 보다 더 중요한 사이버 테러에 대한 수사까지 차질을 입었다.

형사 미성년자에 대한 처벌 유예와 고소 취하 사건 등을 더하면 청
소년의 사이버 범죄는 1년에 수만여 건에 이를 것으로 추산된다. 사
이버 범죄는 엄연한 ‘사기’이다. 구체적으로는 ‘컴퓨터 등 사용 사
기’에 해당한다.

온라인 게임 캐릭터 때문에 초등학생과 중학생 수백 명이 사기를
당한 사건도 있다. 16살인 J는 온라인 게임의 대화방을 통해 “캐릭
터 레벨을 올려주겠다”며 초등학생과 중학생들에게 접근했고, 그들
로부터 받은 부모의 휴대전화와 주민등록번호를 넘겨받은 뒤 휴대
전화 소액결제로 문화상품권을 구입했다. 어린 학생들은 캐릭터 욕

심 때문에 부모의 개인정보는 물론 문자메시지로 받은 인증번호도 고스란히 넘겼고, J는 불과 두 달 만에 수천만 원의 현금을 챙겼지만 IP를 추적한 경찰에 의해 곧 체포되고 구속되었다. 사이버 범죄는 검거율이 8~90%에 이를 정도로 높아서 대부분 잡히게 된다는 점을 명심하자.

장물사건

이번 경우는 장물범 하나에 공갈범과 절도범이 줄줄이 따라나온 사건이다. 창원에 있는 경찰관은 순찰 도중 도난신고된 오토바이를 타고 가는 16살 H를 잡았다. 그런데 잡은 H의 오토바이는 또래의 U 등 3명으로부터 구매한 것이었다. 훔친 것인 줄 알면서도 사고팔았으니 H와 U 일당은 장물범에 해당된다. 게다가 알고 보니 U 일당도 오토바이를 훔친 당사자가 아니었음이 밝혀졌다. 사실 이 오토바이는 14살짜리 중학생들이 훔친 것인데 이 사실을 알고 있는 U 일당이 공갈 협박을 해서 빼앗은 것이다. 경찰은 이들 모두를 잡아

들였다.

손괴사건

대문을 발로 걷어차고 도망가는 일명 '빵튀'가 전국적으로 극성이던
때가 있었다. 심심해서 장난삼아 벌인 일이라 하지만 이런 행위는
형법이 규율하는 '손괴죄'에 해당한다. 물론 자물쇠의 손괴는 약소
한 피해에 불과하다. 다만 대문을 걷어차는 소리에 놀란 임산부나
노약자, 심신이 약한 사람들의 피해가 생각보다 심각했다.

그 외에도 놀이삼아 하는 청소년들의 장난이 정도를 넘어설 때
가 있다. 천안시 동남경찰서는 신호를 기다리던 시외버스에 돌을
던져 유리창을 여러 장 파손한 혐의로 14살 중학생 L 등 2명을 '손
괴죄'로 입건했다. 장난삼아 했다지만 돌을 무려 5개나 던졌기 때

문이다. 다행히 다친 승객은 없었지만 만약 버스가 운행 중이었다면 그 결과는 누구도 장담할 수 없었을 것이다. L 일당은 범행 후 도주했지만 주변 아파트 단지와 상가에 설치된 CCTV를 100대 넘게 분석한 끝에 용의자의 인상착의를 파악하고 탐문수사를 벌여 이들을 검거했다.

손괴죄를 범하여 사람의 생명 또는 신체에 대하여 위험을 발생하게 한 때에는 중손괴죄에 해당하여 1년 이상 10년 이하의 징역에 처한다.

　　　　　　　　　　　　　　　　　　　　　　　　　　　　　－ 형법 제368조 1항

폭주족들이 오토바이를 타고 가며 도로의 다른 차량에 발길질과 몽둥이질을 하는 경우를 간혹 보게 되는데 이런 죄는 '특수손괴죄'에 해당한다. 손괴죄이긴 하지만 그 행위가 미치는 결과는 매우 위험천만한 것들이 해당된다. 피해 차량이 주행 중인 경우가 많아 자칫 사망사고에까지 이르기 쉬운 심각한 범죄이다. 졸업식 때 알몸 뒤풀이를 위해 원하지 않는 상대방의 옷이나 가방 등을 집단이 강제로 찢는 것도 폭행은 물론 특수손괴죄에 해당할 수 있다.

단체 또는 무리의 위력을 보이거나 위험한 물건을 휴대하여 특수손괴죄를 범한 때에는 5년 이하의 징역 또는 1천만 원 이하의 벌금에 처한다.

　　　　　　　　　　　　　　　　　　　　　　　　　　　　　　　－ 형법 제369조

04

가장 포악한 짓,
조폭범

어떻게 하는 것이 준법인지 알면서도 행하지 않는다면
그것은 모르고 하는 위법보다 나쁜 것이다.

조폭범죄는 청소년들이 저지르는 범죄 중 통계적으로 가장 큰 비중을 차지한다. 기존에는 활동 무대와 대상이 주로 학교와 관련한 것이어서 청소년 조폭범하면 학교폭력과 동일시할 정도였다. 그러나 이제는 상황이 많이 달라졌다. 학교폭력은 기본이 되었고 성인들과 유사한 범행은 물론, 성인 조직폭력범들과의 연대도 이루어지고 있다. 구성연령이 2~30대인 성인 조직폭력단도 조직의 세력을 불리기 위해 자퇴하거나 가출한 청소년들을 가입시키고 있다. 소위 '일진회' 등 교내 폭력서클에 가입된 학생들은 가입 0순위이다. 학교 주변 불량 청소년들이 자발적으로 가입하기까지 하니 조폭범죄가 범죄율 1위를 차지할 수밖에 없다.

"감히 내 남자친구를 넘봐? 죽고 싶어 환장했지? 이년 밟아!" 대전에 소재한 한 공원에서 15살 소녀 M과 그의 친구 10여명은 남자친구를 넘봤다는 이유로 또래인 O의 옷을 벗긴 채 주먹으로 때리고 발로 짓밟았다. 무려 1시간이 넘은 구타로 인해 O는 중환자실에 입원했고, 무의식 상태에서 치료를 받아야 할 정도로 심각한 부상을 입었다. 치료를 담당한 의사는 O의 머리에 충격이 심해 한시 또는 영구적으로 정신적 장애가 올 수 있다는 소견을 보였다. 상해죄 중에서도 '중상해죄'에 해당하는 폭력행위이다.

> 사람의 신체를 다치게 한 사람은 7년 이하의 징역, 10년 이하의 자격 정지 또는 1천만 원 이하의 벌금에 처한다.　　　　－ 형법 제257조 1항

> 사람의 신체를 다치게 하여 생명에 대한 위험을 발생하게 하거나, 상해로 인하여 불구 또는 불치나 난치의 질병에 이르게 한 사람은 1년 이상 10년 이하의 징역에 처한다.　　　－ 형법 제258조 1,2항

폭행사건

"P고교 일진회 두목 K가 특수부대 군인이랑 맞짱을 떠서 반병신을 만들어놨대!" 이 소문은 삽시간에 인근 모든 고등학교에 퍼졌다. 휴가를 나온 군인이 맞아 반병신된 것은 사실이지만, K가 혼자 싸운

게 아니라 일행 5명이 일방적으로 몰매를 때린 사건이었다. 그 군인은 특수부대 소속도 아니고 포병부대 행정병이었다. 다른 고등학교 일진회 짱과 싸워 패한 K가 자신의 입지가 좁아지자 시내 밤거리에서 현역 군인에게 일부러 시비를 걸고 집단으로 때려눕힌 뒤 혼자서 군인과 싸워 이겼다는 헛소문을 내 자신의 위세를 높이려 했던 것이다. 군인이 민간인을 폭행할 경우 불이익을 얻는다는 것을 악용한 '폭행치상죄'였다. 이런 경우 '폭력행위 등 처벌에 관한 법률 위반죄'도 적용된다. K는 불합리한 방법으로 입지를 넓히려다 결과적으로 돌이킬 수 없는 전과기록을 받게 되었다.

사람을 폭행한 사람은 2년 이하의 징역, 5백만 원 이하의 벌금, 구류 또는 과료에 처한다.　　　　　　　　　　　　　　　　　　　　－ 형법 제260조 1항

단체 또는 무리의 위력을 보이거나 위험한 물건을 휴대하여 특수폭행죄를 범한 때에는 5년 이하의 징역 또는 1천만 원 이하의 벌금에 처한다.　　　　　　　　　　　　　　　　　　　　　　　　－ 형법 제261조

폭행이나 특수폭행을 하여 사람을 사상에 이르게 한 때에는 상해, 중상해, 상해치사의 예에 의한다.　　　　　　　　　　　　－ 형법 제262조

협박사건

"수법이 지독하고 잔인하다. 도를 넘었다. 친구를 죽음으로 내몬 증거 하나하나를 낱낱이 파악하겠다." 집단 괴롭힘, 일명 왕따를 견디다 못해 투신자살한 부산의 14살 중학생 A의 사건을 담당한 경찰이 밝힌 의지이다. 이 의지에 따라 자살한 학생의 휴대폰과 컴퓨터 등이 상세하게 복원되었는데, A는 자살 직전까지 수백 건의 문자협박에 시달린 것으로 밝혀졌다. 게다가 그 전엔 이미 수십 차례 돈 뺏기, 숙제강요, 물고문, 집단 구타를 당해왔다. 가해 학생들은 어린 나이에도 불구하고 폭력행위 등 처벌에 관한 법률위반죄로 각 2~3년간 감옥 생활을 하는 것으로 판결 선고를 받았다.

사람을 협박한 사람은 3년 이하의 징역, 5백만 원 이하의 벌금, 구류 또는 과료에 처한다. — 형법 제283조

단체 또는 무리의 위력을 보이거나 위험한 물건을 휴대하여 특수협박을 한 사람은 7년 이하의 징역 또는 1천만 원 이하의 벌금에 처한다. — 형법 제284조

협박죄와 특수협박죄를 상습적으로 범하면 그 죄에 정한 형의 2분의 1까지 가중한다. — 형법 제285조

공갈사건

"피고, 징역!" 여자친구와 공모해서 15살 남자 청소년에게 공갈을 하여 금품을 갈취한 17살 P와 그 여자친구가 형사법원으로부터 징역을 선고받았다. P는 어린 W에게 술을 먹이고 여자친구를 통해 성적인 신체접촉을 유인한 뒤 성폭행범으로 신고하겠다고 협박했다. 신고를 면하기 위해 W는 몇 차례에 걸쳐 요구받은 수백만 원을 가져다 바쳐야 했고, 막대한 돈 마련을 위해 범죄를 저지를 수밖에 없었다. P의 '공갈' 등 범행은 그 수법과 죄질이 매우 불량했으며, 그 범행으로 인해 파생된 W의 제2, 제3의 범죄를 사실상 사주한 셈이 되어 더욱 엄중히 처벌받았다.

사람을 공갈하여 재물을 받거나 재산상의 이익을 얻은 사람은 10년 이하의 징역 또는 2천만 원 이하의 벌금에 처한다. – 형법 제350조 1항

공갈의 방법으로 제삼자로 하여금 재물을 받게 하거나 재산상의 이익을 얻게 한 때에도 전항의 형과 같다. – 형법 제350조 2항

05

잔인하고 무자비한 짓,
흉악범

선을 행하기 위해서는 노력이 필요하다.
그러나 악을 제거하기 위해서는 한층 큰 노력이 필요하다.
– 톨스토이 –

흉악범죄는 청소년들이 저지르는 조폭범죄, 재산범죄보다는 비중이 적지만, 범죄가 주는 사회적 충격은 가장 크다. 살인, 강도, 강간, 방화 등의 흉악범이 해마다 늘어나며 그 수법이 지능적, 조직적, 광역화, 가속화되고 그 잔인성은 해마다 더해가고 있다.

살인사건

서울시 K동의 한 아파트. "왜 그랬어?" 이성을 잃은 14살 H와 O가 친구 P를 아파트 담장에 쪼그리고 앉게 한 뒤 표독스럽게 추궁하고 있다. 훔친 자전거를 타고 가던 H와 P가 5살 아이를 치고 달아난 뒤 P가 경찰에 자수를 하자 그 이유를 따져 묻는 것이었다. P는 사고 이후 심각한 피해를 당한 어린아이에 대한 죄책감에 시달리다 자수를 한 것인데, 주범이었던 H는 오히려 앙심을 품고 친구인 P를 가차 없이 아파트 난간에서 떠밀었다. 15미터 아래로 떨어진 P는 그 자리에서 즉사했다.

부산에 소재한 법원의 한 형사법정. "징역 장기 15년, 단기 10년!" 친구를 며칠 동안이나 감금하고 때려서 죽인 15살 O와 범행에 가담한 Y, A에 대한 검사의 구형이다. 죽일 생각은 없었다는 것이 그들의 변명이었지만, 집단으로 며칠간 두들겨 패고 시신을 강물에 던져 훼손까지 한 그들의 잔인무도함을 보면 이보다 가벼운 형량을 내릴 수는 없었다. 중학교를 중퇴한 O는 판사가 최후변론의 기회를 주자 눈물콧물 다 흘리며 다시는 이런 일이 없도록 참회하며 살겠다고 했지만, 누구도 동정의 시선을 보이지 않았다.

– 형법 제250조 1항

"반드시 1등을 해야 한다!" 우등생 P군의 엄마가 늘 강조해온 말이다. 그 후로 반년. 이 기간은 P가 성적을 올리기 위해 열심히 노력한 시간이 아니라, 식칼로 엄마를 찔러 죽인 뒤 발각되지 않도록 안방에 엄마의 시신을 열심히 숨겨뒀던 기간이다. 아무도 모르게 숨길 수 있을 것이라 생각했겠지만 그것은 착각이다. P는 1등 성적표가 아닌, 엄마를 살해한 혐의로 구속영장을 제시받았다. P의 범행

동기에는 엄마의 성적제일주의가 한몫했지만, 그래도 천륜을 저버
린 살인은 그 어떤 동기로도 용서받을 수 없는 일이다.

강도사건

폭행 또는 협박으로 타인의 재물을 강제취득하거나, 재산상의 이익
을 취득하거나, 제삼자로 하여금 이를 취득하게 하는 범행을 강도
라고 한다. 형법 제333조에는 그러한 강도죄에 대하여 3년 이상의
징역에 처하도록 규정되어 있다. 강도질을 야간에 하거나 2인 이상
이 공조하거나, 흉기를 들었거나, 강도질로 인해 사람이 다치거나
죽거나, 인질로 협박하는 방법 등을 저지르면 죄질이 더 나쁘기 때
문에 처벌의 강도도 높다. 그럼에도, 10대들은 이미 단순강도의 범
위를 넘어섰고 성인범죄 못지않은 범행을 저지르고 있다.

"망은 L이랑 K가 봐. 얼굴은 U가 까고. 가방은 내가 맡는다." 대
구에서 같은 학교에 다니던 중학생 B와 친구 3명은 깊은 밤을 기다
렸다가 귀가 중인 여성만을 골라 핸드백을 빼앗았다. 손쉽게 핸드
백을 뺏기 위해 먼저 여성의 얼굴을 주먹으로 무자비하게 가격한
뒤 맥없이 쓰러진 여성의 핸드백을 유유히 가져가는 방식이었다.
이것은 야간에 2인 이상이 합동하여 저지른 '특수강도' 사건이다.

이들은 유사시를 대비해 도망갈 수 있는 도주로까지 모두 면밀히 고려한 뒤 범행을 저질렀다. 여러 차례에 걸쳐 무려 수천만 원이나 되는 돈을 빼앗았다. 조직적이고 치밀하여 중학생의 짓이라고는 믿기지 않을 정도다.

"생각보다 큰돈 벌기 쉽네." "그럼, 부모들이 자기자식 얼마나 애지중지하는데." 초등학생을 납치해 몸값을 뜯어낸 18살 M과 S의 대화다. 이들은 학교를 마치고 집으로 가는 초등학생에게 "우체국을 알려 달라"며 접근한 뒤 불법으로 마련한 대포 승용차로 납치해서 곧바로 부모에게 전화를 걸어 아이를 볼모로 돈을 달라고 협박했다. 자신들이 저지른 범행이 얼마나 엄중하게 처벌되는지도 모르고 '인질강도'를 저지른 것이다. 이들은 돈이 입금되자 납치한 학생을 택시에 태워 집에 보냈지만 부모의 신고와 납치당했던 학생의 진술, 납치 당시 주변 CCTV 분석을 통해 하루도 못 가 붙잡히고 말았다.

"술 먹고 노래방 가자." "돈이 어딨어?" "구하면 되지." "어디
서?" "우리 집!" 목포의 한 경찰서는 친어머니를 상대로 강도상해를
저지른 15살 J 등 3명에 대해 구속영장을 신청했다. 가출 뒤 찜질방
을 전전하다 만난 사이인 J 일당은 유흥비가 떨어지자 J의 집 출입
문을 부수고 들어가 잠자는 어머니를 이불로 뒤덮은 뒤 목을 조르
고 몽둥이로 때려 전치 3주의 상해를 입혔다. 이웃의 신고로 출동한
경찰에 의해 1명은 체포되고 2명은 달아났지만 며칠 뒤 모두 잡히
고 말았다.

"못 일어나는 데?" 빈 건물에서 금품을 빼앗다가 저항하는 14살
짜리 학생을 둔기 등으로 마구 때린 뒤 피해학생이 쓰러지자 16살
L이 다른 친구들에게 물었다. "그냥 가자." 친구들은 강도질한 돈으
로 한시라도 빨리 술을 사먹고 싶었다. 퍽치기로 얻은 다른 사람의
신분증을 이용해 술을 산 뒤 여관방으로 향하던 중 L 일당은 유명

메이커 점퍼를 입고 있는 학생의 돈과 점퍼도 빼앗았다. 이를 목격한 시민이 경찰에 신고를 했고 여죄를 추궁 당하던 L과 일당은 빈 건물 옥상에서의 강도질도 진술했다. 몰매 맞아 쓰러진 학생을 방치하고 돌아왔다는 진술에 경찰이 다급히 범행 장소를 찾아가 봤지만 14살밖에 되지 않은 피해학생은 이미 싸늘한 시신이 되어 있었다. '강도살인치사죄' 가 적용될 수밖에 없다.

"퍽치기와 부축빼기 하다 잡혔어." 소년교도소에 들어온 16살 D가 같은 방에 있는 수감자들에게 말한다. "그런데 왜 형량이 그렇게 많아?" "같은 범죄로 전과가 몇 번 더 있었거든. 전에는 처벌도 가볍더니 상습적으로 저지른다고 이제는 봐주질 않네……." D군은 후회하며 울먹인다.

강간사건

'구속영장 발부!' 또래 여학생을 집단으로 강간한 15살 중학생들에 대한 영장을 심사한 울산지방법원 판사 H의 결심이다. 가해학생이 10명이 넘었는데 경찰은 이중 죄질이 매우 나쁜 5명에 대해 구속영장을 신청했다. H 판사는 그들이 비록 어리기는 하지만 죄질이 불량하고 구속해야 할 사유가 충분하다며 경찰의 구속영장신청을 받아들였다. 형사법정에서도 엄벌이 불가피할 것이라 여긴 것이다. 청소년의 흉악범죄가 해마다 급증해 충격을 주고 있는데, 증가 원인 중에는 청소년 성폭행범의 급증이 큰 비중을 차지하고 있다.

폭행 또는 협박으로 부녀를 강간한 자는 3년 이상의 유기징역에 처한다.
– 형법 제297조

"겨우 어제?" 여중생을 유인해 강제로 추행한 14살 중학생 S를 체포해 취조하던 형사가 범행 전날 소년원에서 풀려났다는 S의 진술을 듣고 어이가 없다는 듯 말했다. 소년원도 13살 때 저지른 강간 범행으로 다녀온 것이고 곧바로 보호관찰처분을 받게 된 즉시 저지른 범행이었다. 보호관찰처분을 받은 지 단 하루 만에 유사범죄를 저지른 S. 이제 더 이상 소년사건으로 취급되지 않고 형법을 적용하여 형사처벌될 것이다.

"이놈들이 이게 무슨 짓거리야!" 퇴근 후 귀가한 K씨는 안방에서 27살 아내 J씨가 14살 A 일당 2명으로부터 성폭행 당하기 직전의 모습을 발견했다. 유도대학 출신인 K씨는 단번에 학생들을 제압한 뒤 경찰서에 넘겼다. 학교가 끝난 뒤 공원에 모여 놀던 A일당은 귀가하던 J씨의 미니스커트를 보자 욕정을 참지 못했다며 선처를 호소했지만 경찰은 이들 모두를 '강간미수' 혐의로 입건했다.

방화사건

강원도 홍천의 한 아파트에서 불이 났다. 아파트에 침입해 금품을 훔친 뒤 증거를 인멸할 목적으로 17살 가출청소년 M이 불을 놓은 것이다. 범행 후 아파트 관리 직원에게 발각되자 흉기로 위협, 폭행하고 도주했지만 현장에서 수거한 M이 버린 담배꽁초의 DNA 분석으로 붙잡혔다. M은 특수절도뿐만 아니라 '현주건조물방화' 까지 저질러 구속되었다.

"때린다고 달라질 건 없어요. 전 건축가가 되고 싶다고요!" "안 돼! 넌 집안의 장손이니 반드시 의사가 되어야 해." 진로문제로 아버지와 갈등을 빚던 중학교 3학년 O. 아버지에 대한 증오감이 활활 타오르자 휘발유를 사다가 아버지가 자는 방에 뿌린 뒤 성냥불을 놓았다. 걷잡을 수 없이 활활 타오른 불길은 아버지뿐만 아니라 옆 방에서 자고 있던 어머니와 남동생, 그리고 또 다른 방에서 자고 있던 할아버지와 할머니까지 덮쳤고, 일가족 5명이 불에 타 숨지는 참극으로 결론이 났다. O는 방화혐의를 숨기기 위해 몸을 피신했다가 나타났지만 행적을 수상하게 여긴 경찰의 추궁 끝에 범행 일체를 자백했다.

한심하고 어리석은 짓,
과실범

|

같은 돌에 두 번 넘어지면 세상의 웃음거리가 된다.
– 키케로 –

도로교통과 관련된 법을 위반하는 것은 가장 대표적인 과실범 죄이다. 어린 시절 오토바이를 훔쳐 폭주족의 각종 무모한 범죄를 일삼던 버릇은 점차 대범해져, 결국 술까지 먹고 자동차를 훔친 후 경찰로부터 쫓기는 광란의 질주가 되어버릴 수도 있다. 그러므로 처벌받지 않던 어릴 적 '습관'을 버리는 노력이 필요하다.

무면허

말 그대로 청소년들 사이에 '목숨을 담보로 한 무면허 운전'이 자주 발생하고 있다. 인천광역시에 사는 15살 L은 면허 서류를 위조해 렌터카를 빌렸다. 운전실력 있을 리 만무한 L은 위험한 주행을 계속하다가 결국 운행 중이던 다른 차량과 가로수를 차례로 들이받았고,

동승했던 친구 1명이 그 자리에서 숨졌으며 나머지 3명은 의식불명의 중태에 빠졌다. L은 에어백이 터져 다친 곳이 없었지만 곧바로 경찰서로 붙들려가 조사를 받았다. 문서위조죄까지 추가된 점은 둘째 치더라도 면허 없이 운전하다 사람을 죽이게 한 죄는 결코 가볍지 않게 처벌되었다.

누구든지 운전면허를 받지 아니하거나 운전면허의 효력이 정지된 경우에는 자동차 등을 운전하여서는 안 된다. 이를 어기면 1년 이하의 징역이나 3백만 원 이하의 벌금에 처한다.   – 도로교통법 제43조

음주운전

"면허증이 없으면서 술까지 마시고, 게다가 승용차도 아니고 트럭을 훔쳐 몰았다." 어느 범죄영화의 한 장면처럼 들리는 이 일은 중학교 3학년 O가 실제로 저지른 일이다. O는 새벽까지 술을 마신 뒤 이웃마을 아저씨가 모는 화물트럭을 훔쳐 타고 나오다 주변 건물과 담장 등을 들이받았고, 계속 도주하던 그가 마지막으로 들이받고 멈춰선 곳은 다름 아닌 그 지역 경찰지구대였다. 제대로 걸린 것이다. 음주운전은 물론이고 무면허운전에 절도행위까지 추가된 사건이다.

누구든지 술에 취한 상태에서 자동차 등을 운전하여서는 안 된다. 이를 위반한 사람은 다음 각 호의 구분에 따라 처벌한다.

❶ 혈중알코올농도가 0.2퍼센트 이상인 사람은 1년 이상 3년 이하의 징역이나 5백만 원 이상 1천만 원 이하의 벌금.

❷ 혈중알코올농도가 0.1퍼센트 이상 0.2퍼센트 미만인 사람은 6개월 이상 1년 이하의 징역이나 3백만 원 이상 5백만 원 이하의 벌금.

❸ 혈중알코올농도가 0.05퍼센트 이상 0.1퍼센트 미만인 사람은 6개월 이하의 징역이나 3백만 원 이하의 벌금.

– 도로교통법 제44조 1항과 그 벌칙규정

교통방해

폭주족들이 하는 대표적인 행위가 집단으로 모여 질주하며 난폭운전, 굉음유발을 하는 것인데, 이는 도로교통법뿐만 아니라 기본적으로는 형법상의 '일반교통방해죄'에 해당한다.

육로, 수로 또는 교량을 손괴 또는 불통하게 하거나 기타 방법으로 교통을 방해한 사람은 10년 이하의 징역 또는 1천5백만 원 이하의 벌금에 처한다.

– 형법 제185조

이건 또 뭐야,
학교폭력과 기타범죄

|

폭력은 짐승의 법칙이다.
– 간디 –

학교폭력의 유형

학교폭력의 유형은 두 가지로 나뉜다. 심리적인 폭력과 물리적인 폭력이 그것이다. 먼저 심리적인 폭력은 빈정거림, 나쁜 소문 퍼뜨리기, 험담하기, 조롱하기, 별명 부르기, 음란한 눈빛과 몸짓을 보이기, 피해 학생의 행동을 사진이나 동영상으로 유포해 수치심을 느끼게 하기, 인터넷 카페나 게시판에 글 올리기 등이 속한다. 실제로 구타를 가하는 것은 물론, 고의적으로 건드리거나 치는 등으로 시비 걸기, 장난이라 말하지만 실제로는 힘껏 밀치거나 때리는 일, 피해 학생이 원하지 않는 일을 강요하는 것, 돌 던지기, 침 뱉기, 돈이나 물건을 빼앗는 것 등은 전부 물리적 유형에 포함된다.

돈이 늘 부족하고, 호기심이 하늘을 찌르는 시기이다보니 잘못을 저질러도 단순히 넘어가기도 하지만, 너무 위중하여 절대 가볍게 넘어갈 수 없는 범죄가 있다. 바로 '통화위조죄'이다. 형법 조문을 보면 알겠지만 돈을 위조하여 사용하는 것은 국가적으로도 매우 심각하고 엄중하게 처벌하는 범죄다. 문제는 청소년들이 그 사실을 잘 모르는 상태에서 너무 흔하고, 너무 자주 그 엄청난 범죄를 저지르고 있다는 점이다. 유사한 범행이 전국 각지에서 일어나는 것을 보면 위조지폐에 대한 의식은 아직 멀었다는 생각이다.

서울 남부경찰서는 일만원권 지폐를 위조한 15살 중학생 B를 통화위조 혐의로 입건했다. B가 위조한 지폐를 친구에게 건넨 중학생 N도 위조된 통화를 사용한 혐의로, N에게 받은 위조지폐로 재래시장에서 담배를 산 중학생 M도 각각 입건했다. B는 자신의 집에서 컬러복사기를 이용해 돈을 복사하는 대담함을 보였다.

경기도에서는 자신의 프린터로 오천원권 지폐를 무려 10장이나 위조하고 인근 빵집 등에서 사용한 15살 J, P 등이 경찰에 붙잡혔다. 얼마나 돈을 쓰고 다니고 싶었는지, 한눈에도 조잡해 보이는 위조지폐를 '곧바로' 들고 나가 사용하는 허술함을 보이며 주인한테 '곧바로' 신고를 당했다.

경남에서도 16살 K가 집에 있는 스캐너와 레이저프린터를 이용해 일만원권 위조지폐를 5장 만들어 시내 슈퍼마켓을 다니며 과자와 음료수를 구입하다가 위조지폐임을 알아챈 가게 주인에게 붙잡혔다.

전북에서는 14살 H 등 3명이 친구에게 빌린 돈을 갚기 위해 컴퓨터복합기로 오천원권 지폐를 위조한 혐의로 붙잡혔다. 돈을 받은 친구가 위조지폐를 PC방에서 사용하다 덜미를 잡힌 것이다.

충남에서는 '간 큰' 15살 청소년들이 지능적이고 대범한 짓을 저질렀다. 컴퓨터와 스캐너를 이용해 일만원권 지폐를 무려 수십 장이나 위조한 뒤 주로 눈이 어두워 위조지폐를 잘 판별하지 못하는 노인들이 운영하는 가게를 골라 위조된 돈을 쓴 것이다. 하지만 꼬리가 길면 반드시 잡히는 법이다.

제주에서는 중학교 3학년인 A 등 2명이 스캐너를 이용해 일천원권 위조지폐 5장을 만들어 사용하다가 걸렸다. 소액에 불과하므로 걸리더라도 다른 위조죄보다는 처벌이 가벼울 것이라 생각했지만 그건 어리석은 오해에 불과했다. 일천원권을 위조하든 오만원권을 위조하든 위조죄는 동일한 것이며 이를 사용했다면 그 죄 역시 동일하다. 외국돈을 위조·사용해도 마찬가지다.

그밖에도 인천, 대구, 광주, 강원도 등 10대들의 화폐 위조와 그 사용범죄는 전국 곳곳에서 일어나고 있다. 사용할 목적으로 통화를 위조하는 죄와 위조통화를 취득하는 죄는 비록 그 범행에 성공하지 못하더라도 반드시 처벌된다. 심지어 통화위조는 그 범죄를 예비하거나 음모하기만 해도 처벌될 수 있다.

마약 사건

전남 목포에서 노래방 도우미로 일하던 16살 자퇴 여학생 3명은 노래방 손님의 꾐에 빠져 무려 10여 차례에 걸쳐 히로뽕 투약을 하다 경찰에 붙잡혔다. 대체적으로 해외에서 마약을 비교적 쉽게 접하게 되는 유학생들이 몰래 마약을 들여오거나, 유흥업소 등에서도 쉽게 구할 수 있어서 청소년 마약사범이 급속히 늘고 있는 실정이다. 마약을 접하게 된 계기가 본인의 의사와는 상관없었다 하더라도 이를 곧바로 신고하거나 자수하지 않으면 그것만으로도 중죄가 된다. 마약은 한번 경험하게 되면 본인도 어찌할 수 없을 정도로 중독되고 빠져드는 무서운 범죄이므로 문제가 더 심각해지기 전에 빨리 신고하고 자수하는 것이 중요하다.

아편을 흡식하거나 모르핀을 주사한 사람은 5년 이하의 징역에 처한
다. 아편 흡식 또는 모르핀 주사의 장소를 제공하여 이익을 취한 사
람도 같다.

– 형법 제201조

말 안 듣고 말썽피우는 학생들에 대한 선생님들의 체벌 권한은 어디까지
일까요? 우리나라는 일반적인 사회통념상 선생님의 징계권이 인정되고,
체벌이 형법에서 인정하는 '정당행위'에 포함된다는 해석이 있어요. 물
론 얼마 전부터 체벌 자체를 금지하는 규칙이 생겨나면서 많은 논란이
있는 것도 사실이고요. 어쨌거나 선생님의 체벌이 일반적인 통념을 넘어
선 경우, 즉 학생이 다치거나 하게 되면 선생님을 형법의 상해죄로 신고
할 수 있어요. 만약, 그 체벌에 각목이나 야구방망이 등 위험한 물건이
이용되었다면 관련 법률에서 제한하는 흉기 또는 위험한 물건으로 간주
될 수도 있고요. 여러분들의 인권을 보호하고 일부 몰지각한 선생님들의
폭력을 제한하기 위해 알려주는 정보이지만, 각자가 사제지간으로서 올
바른 도리를 우선하는 마음부터 가지는 것이 바람직하다고 생각해요.

나쁜 짓하면
반드시 잡히는 세상, CPTED!

죄는 주인을 찾는다.
- 공자 -

인적이 드물어 범행을 목격한 사람을 찾을 수조차 없던 사건에서 하루아침에 범인이 잡혔다는 기사를 본 적이 있을 것이다. 아무도 보는 사람 없었음을 확신한 범인이 온갖 거짓말에 오리발을 내밀었지만, 머리 위에서 말없이 지켜보던 CCTV가 모든 범행을 영상으로 기록했기 때문에 결국 잡히고야 만 것이다. 이처럼 많은 사건이 '말없는 목격자'들의 증언에 의해 해결되고 있다.

셉테드(CPTED)

'CPTED(Crime Prevention Through Environmental Design)'는 쉽게 말해서 '범죄예방을 위한 환경설계'라고 할 수 있다. 아직은 널리 알려지지 않았지만 최근 들어 더욱 활발하게 진행되고 있으며, 이미 범인의 검거와 범죄의 입증에 적극적으로 활용되는 중이다. 또한, 도시 환경의 범죄에 대한 방어적 기능도 톡톡히 수행하고 있다.

기존의 단순한 CCTV 감시와 전자 기술은 설치 위치에서만 기능을 발휘하는 고정성으로 인해 많은 한계를 드러내었다. 바로 이런 한계를 자연적인 계획과 설계로 극복하며 조화를 이루는 것이 바로 셉테드가 추구하는 환경이다. 예를 들어 기존에 아무 곳에나 설치되었던 CCTV를 철저히 분석된 우범 예상지점으로 위치를 변경하는 작업, CCTV에 인공지능적 감지 센서를 장착하는 것 등을 말할 수 있다. 비록 단순해보이지만 그 효과는 매우 뛰어나다. 이러한 환경설계를 통해 실제로도 범행의 발견이나 범인의 검거가 용이해지고 있다.

언젠가 주택가 공원에서 대학생을 흉기로 찔러 살해한 10대 3명이 구속된 사건이 있었다. 인터넷 가상공간에서 만난 10대들이 공모해 평소 대화방에서 수시로 다투었던 대학생을 살해한 것이다. 이들을 검거한 일등공신은 바로 범행 현장에 있던 CCTV이다. 사람들 몰래 인터넷 가상공간에서 만나고 공모한 범인들이었지만, 정작 뉴스를 보는 수백, 수천만의 시청자들에게 CCTV를 통해 범행과정을 공개하는 꼴이 된 것이다.

CPTED는 범죄를 부추기는 우범 환경을 제거하고, 범죄와 공포심을 감소시켜 안전감이 향상되도록 하고 있다. 최근에는 폭력적인 영상이 감지되면 CCTV가 이를 경고하거나 경보가 발하도록 하는 수준에까지 이르렀다.

작게는 학교, 아파트단지, 백화점 등과 같은 소규모 건물설계부터 도로, 지하철, 공항 등과 같이 대규모면서 불특정 다수의 집합 장소에도 건물의 설계와 구조파악을 통한 범죄예방 환경의 조성이 활발히 이루어지고 있다. 이제 더 이상 나쁜 짓을 하려고 하지 말자. 언젠가는 반드시 밝혀지고 반드시 잡히는 세상이 오고 있다.

〈청소년보호법〉 요약

'청소년보호법'은 청소년에게 유해한 매체물과 약물 등이 청소년에게 유통되는 것, 청소년이 유해한 업소에 출입하는 것을 규제하고 청소년을 유해한 환경으로부터 보호 · 구제함으로써 청소년이 건전한 인격체로 성장할 수 있도록 함을 목적으로 한다.

역할과 책임

가정의 역할 | 부모 또는 부모를 대신하여 청소년에 대하여 친권을 행사하는 사람은 청소년이 유해환경에 접촉하거나 출입하지 못하도록 필요한 노력을 해야 한다. 청소년이 유해한 매체물 또는 유해한 약물 등을 이용하고 있거나 유해한 업소에 출입하려고 한다면 즉시 제지해야 한다.

사회의 책임 | 사회의 구성원이라면 누구든 청소년이 유해환경에 접할 수 없도록 하거나 출입을 하지 못하도록 해야 한다. 유해한 매체물 또는 유해한 약물을 이용하고 있거나 청소년폭력 · 학대를 하고 있음을 알게 되었을 때에는 이를 제지하고 선도해야 한다. 청소년에게 유해한 매체물과 유해한

약물이 유통되고 있거나 청소년 유해업소에 고용되어 있거나 출입하고 있음을 알게 되었을 때 또는 청소년이 청소년폭력·학대의 피해를 입고 있음을 알게 되었을 때에는 관계기관에 신고·고발하는 조치를 취해야 한다.

국가와 지방자치단체의 책무 | 국가는 청소년 보호를 위해 청소년 유해환경의 개선에 필요한 시책을 마련하고 시행하여야 하며, 지방자치단체는 해당 지역의 유해환경으로부터 청소년을 보호하기 위해 노력을 해야 한다. 전자·통신기술 및 의약품의 발달에 따라 등장하는 새로운 형태의 매체물과 약물이 청소년의 정신적·신체적 건강을 해칠 우려가 있음을 인식하고, 이들 매체물과 약물로부터 청소년을 보호하기 위해 필요한 기술개발과 연구사업의 지원, 국가 간의 협력체제 구축 등 필요한 노력을 해야 한다.

유해매체물의 결정 및 유통 규제

청소년보호위원회는 매체물이 청소년에게 유해한지를 심의하여 청소년에게 유해하다고 인정되는 매체물을 청소년 유해매체물로 결정한다. 청소년 유해매체물로 심의·결정하지 않은 매체물에 대하여는 그 매체물의 특성, 청소년 유해의 정도, 이용시간과 장소 등을 고려해 이용 대상 청소년의 나이에 따른 등급을 구분한다. 이 경우 매체물의 내용에 폭력성·선정성·사행성이 있는지와 그 정도에 관한 정보를 덧붙일 수 있다.

청소년 유해매체물에는 청소년에게 유해한 매체물임을 나타내는 '청소년 유해표시'를 해야 한다. 또한 청소년 유해매체물은 포장이 되어 있어야 한다. 매체물의 특성으로 인하여 포장할 수 없는 것은 포장에 준하는 보호 조치를 마련해야 하며, 누구든지 청소년 유해표시와 그에 따른 포장을 훼손해서는 안 된다.

청소년 유해매체물 중 지정된 매체물을 판매·대여·배포하거나 시청·관람·이용하도록 제공하려는 사람은 그 상대방의 나이 및 본인 여부를 반드시 확인해야 한다. 청소년에게 판매·대여·배포하거나 시청·관람·이용하도록 제공해서는 안 되며, 청소년 유해표시를 해야 할 매체물은 청소년 유해표시가 되지 않은 상태로 판매나 대여를 위해 전시하거나 진열해서도 안 된다.

인터넷게임 중독 예방

인터넷게임의 제공자는 회원으로 가입하려는 사람이 16세 미만의 청소년일 경우에는 친권자 등의 동의를 받도록 되어 있다. 또한 16세 미만의 청소년에게 오전 0시부터 오전 6시까지 인터넷게임을 제공해서는 안 된다. 여성가족부장관은 인터넷게임의 지나친 이용으로 인하여 청소년이 일상생활에서 쉽게 회복할 수 없는 신체적·정신적·사회적 기능 손상을 입은 경우 예방·상담 및 치료와 재활 등의 서비스를 지원할 수 있다.

유해약물, 유해행위 및 유해업소의 규제

유해약물 | 누구든지 청소년을 대상으로 청소년 유해약물 등을 판매·대여·배포하거나 무상으로 제공해서는 안 된다.

유해업소 | 청소년 유해업소의 업주는 청소년을 고용해서는 안 된다. 청소년 유해업소의 업주가 종업원을 고용하려면 반드시 나이를 확인해야 하며, 출입자의 나이도 확인하여 청소년이 그 업소에 출입하지 못하게 유의해야 한다.

유해행위 | 누구든지 영리를 목적으로 청소년으로 하여금 신체적인 접촉 또는 은밀한 부분의 노출 등 성적 접대행위를 하게 하거나 이러한 행위를 알선·매개하는 행위를 하여서는 안 된다. 손님과 함께 술을 마시거나 노래 또는 춤 등으로 손님의 유흥을 돋우는 접객행위를 하게 하거나 이러한 행위를 알선·매개하는 행위, 음란한 행위를 하게 하는 행위, 청소년의 장애나 기형의 모습을 일반인들에게 관람시키는 행위, 구걸을 시키거나 청소년을 이용하여 구걸하는 행위, 청소년을 학대하는 행위, 청소년으로 하여금 거리에서 손님을 유인하는 행위를 하게 하는 행위, 청소년을 남녀 혼숙하게 하는 등 풍기를 문란하게 하는 영업행위를 하거나 이를 목적으로 장소를 제공하는 행위, 주로 차 종류를 판매하는 업소에서 청소년으로 하여금 영업장을 벗어나 차 종류를 배달하는 행위를 하게 하거나 이를 조장하거나 묵인하는 행위는 하여서는 안 된다.

통행금지·제한구역 | 특별자치도지사·시장·군수·구청장은 청소년의 정신적·신체적 건강을 해칠 우려가 있는 구역은 청소년 통행금지구역 또는 청소년 통행제한구역으로 지정해야 한다.

CHAPTER

3

형법이 새긴 주홍글씨,
왜 그렇게 후회가 될까?

형법이 새기는 주홍글씨의 종류

범죄는 후유증이 심한 상처와 같다.

만약 형법을 위반하여 처벌받게 되면 그 순간 여러분에게는 지울 수 없는 주홍글씨가 새겨지게 된다. 바로 '전과자'라는 별칭이 붙어 다니는 것이다. 도망을 잘 다녀 처벌을 받지 않은 상태라 하더라도 '수배자'라는 글씨를 온몸에 새기고 다니는 셈이어서 두고두고 두렵고 후회스러운 생활을 하며 숨어 지내야만 한다. 어느 경우든 '패배자'라는 주홍글씨는 공통적으로 새겨지게 되는 것이다. 그런 의미의 주홍글씨가 뭐 그리 대수냐고? 절대 가볍게 보면 안 된다. 그것은 여러분의 전과 기록에 올라가서 앞으로의 범죄에 대한 처벌의 참작사유가 될 뿐 아니라, 여러분의 꿈과 미래 그리고 자신감에도 기록되어 마치 약점처럼 그리고 상처처럼 남아 여러분을 방해하고 약하게 만들기 때문이다.

전과기록으로 새겨지는 주홍글씨

먼저 범죄에 대한 처벌의 참작사유부터 살펴보자. 여러분이 또 다시 장래에 범죄를 저질러 실형을 선고받게 되면 이때에는 종전의 전과기록을 참작하여 선고를 받게 된다. **같은 범죄를 또다시 저지르면 선처를 바라기 어려운 것은 물론이고 종전보다 더 중한 처벌을 받게 된다. 유형이 다른 범죄일지라도 전과기록이 있다면 선처를 바라기 힘들다.**

빈집만을 골라 다니며 좀도둑질을 하다 붙잡힌 H는 이미 중학교 3학년 때 강도죄로 소년교도소에 다녀온 전과가 있다. 교도소 생활을 마치고 사회로 돌아온 지 6개월도 안 되었지만 학교에 다니지도 않았고, 손쉽게 큰돈을 만지던 빈집털이 시절의 유혹을 이기지 못했다. 특히 H가 주로 노리는 3, 4층 빌라의 뒤쪽 베란다 창문은 고층이라는 이유로 잠가놓지 않는 사람들이 많아서 도시가스 밸브를 잘 타는 H에게는 손쉬운 범행 대상이었다. H는 그렇게 30여 곳이 넘는 집을 털다가 붙잡혔는데 형사재판을 맡았던 판사는 H가 이미 강도죄로 교도소를 다녀왔음에도 불구하고 뉘우침 없이 계속 범죄를 저지른 것을 이유로 전과가 없던 절도범에 비해 2배나 많은 징역형을 선고했다.

14실 미민은 잘못을 저질러도 형사처벌과는 달라서 비록 소년원 생활을 하고 나온다 하더라도 전과자가 되는 것은 아니다. 그러나 전과기록에는 남지 않는 소년법상의 보호처분도 상습성이 있었는지 여부에 대한 자료로 사용되기 위해 기록으로 남는다. 전과기록 없이 첫 번째 실형을 받게 되더라도 이전의 보호처분 사유에 상습적인 범죄 행위가 있었다면 실형의 선고에 영향을 미칠 수 있다는 말이다. 이건 개인적인 의견이 아니라 사법부의 최고기관인 대법원의 입장이다. 대법원은 "소년법상의 보호처분을 받은 사실도 상습성 인정의 자료가 된다"라고 판례를 통해 입장을 분명히 밝히고 있다. 이렇게 주홍글씨가 새겨지면 이후에는 매우 호되게 처벌받게 된다는 사실을 반드시 유념하자.

마음에도 기록되어 꿈과 희망을 방해하는 주홍글씨

주홍글씨는 여러분의 장래 범죄에 대한 처벌의 기준이 될 뿐 아니라 여러분의 꿈과 미래에 대한 장애의 근원이 되기도 한다. 그것은 여러분의 마음 그리고 가족과 다른 사람들의 마음에도 새겨져 자존감을 상하게 하고 자신감을 무너뜨리며 꿈을 사라지게 한다. 물론 그중에도 잘 극복하고 일어서는 사람이 많기는 하다. 하지만 두고두고 여러분을 괴롭히고 방해하고 약하게 만드는 강한 존재임은 분명하다. 평생 가슴에 주홍글씨를 새기고 사는 것보다 잠시라도 범죄의 유혹을 직시한 뒤 이를 뿌리치는 것이 더 쉬운 일이라는 사실을 경험하지 않고 미리 깨닫기를 바란다.

02

어제 느낀 범죄의 쾌락은 오늘 반드시 형벌의 고통으로 변한다

지키는 자만이 살아남는다.

'친구 따라 강남 간다' 는 속담처럼 친구가 하는 나쁜 짓을 함께 하거나 모방하게 된 동기로 범죄자의 길에 접어드는 청소년들이 부쩍 많아지고 있다. 범죄이긴 해도 폼이 나고 돈을 물 쓰듯 쓰는 친구의 모습에 잠시라도 동경과 부러움을 느끼기 때문인데 이것이 매우 어리석은 생각이었음은 나중에서야 깨닫게 된다. 가출하여 일진에 포함되고, 유명 메이커 점퍼를 빼앗아 입으며, 훔친 돈으로 유흥을 즐긴 뒤 이성 친구를 사귀는 일. 얼핏 보기에는 그들이 더 힘세 보이고, 더 자유로워 보이고, 더 성숙해보일 수 있지만 사실은 그렇지가 않다.

그들에게 집을 떠난 외로움은 언제나 엄습할 준비를 하고 있으며, 사회적으로는 일진이 아닌 막장 인생으로 향하는 중인데다, 메이커 점퍼를 더 강한 세력에게 빼앗길까 걱정해야 하고, 유흥 뒤에 오는 허탈함과 경찰의 추적 등은 무척이나 두렵고 고통스러운 일이다. 자꾸 벌거벗은 채 사람들 앞에 서는 느낌을 지울 수 없어서 다 같이 벌이는 범행조차도 사실은 그다지 유쾌하지 않을 게 분명하다. 여담이지만, 기본적으로 사람은 착한 일을 선택하면 기분이 좋고 나쁜 일을 선택하면 기분이 나쁘다. 나쁜 일을 선택하고도 기분이 좋다면 그건 정신이 이상한 사람이다. 자기의 정체성에 대한 혼란과 고민이 생기고 '이게 아닌데'라는 생각이 들 때면 첫발을 잘못 내딛은 후회감이 배고픔처럼 자주 느껴질 것이다.

최근 청소년학자들과 심리학자, 상담사들이 자주 하는 말이 있다. "공부를 잘하는 10대보다 말을 잘하는 10대가 성공한다!" 그러나 **도덕적 흠결이 생기면 사회와 무리를 기피하게 되고, 결국 자신을 표현하는 것에 대한 자신감을 잃게 된다.** 스스로에 대한 자신감을 가지고 자기를 표현하는 것에 주저하지 않아야 하지만 범죄를 저지른 청소년은 위축되기 마련이고, 결과적으로 성공에 이르는 길에 방해가 된다. 형법이 정한 형벌과는 무관하게 스스로 정신적인 형벌을 받고 있는 것이다.

어제 느낀 범죄의 쾌락이 오늘 그와 같은 형벌의 고통으로 변하지만, 그 형벌은 오늘로서 가볍게 끝나지 않는다. 내일, 즉 멀지 않은 미래에는 취직이 어렵게 되고, 결혼하는 것에도 방해되며, 가족들에게도 외면당한다. 끊임없는 재범의 유혹을 받게 되고, 결혼하고 자식을 낳아도 면목이 없게 된다. 범죄와 가난, 불행의 대물림이 연속으로 찾아와 늙어서는 자식이 속을 썩일 확률이 높다.

무려 18년간이나 감옥생활을 한 미국의 대도(大盜), 아더 배리는 사회적으로 저명한 사람들의 돈과 보석을 훔치던 유명한 지능범이었다. 어느 날, 한 기자가 그에게 "당신은 부자들의 재산을 많이 훔쳤다고 하는데, 그중 누구의 재산을 가장 많이 훔쳤나요?"라고 묻자 아더 배리는 조금도 주저함 없이 이렇게 고백했다고 한다. "내가 가장 많은 재산을 훔친 사람은 바로 나 자신입니다. 도둑질은 내 인생의 대부분을 감옥에서 허비하도록 만들었습니다." 감옥 생활 이후의 아더 배리는 사회적으로 매우 모범적이고 재능 있는 사람으로 거듭났지만, 인생의 대부분을 감옥에서 낭비한 후회와 괴로움은 지울 수도 잊을 수도 없는 형벌로 남게 되었다.

"고귀한 인품도 티끌만한 결점 때문에 의심과 비난의 대상이 된다"는 셰익스피어의 말처럼 나중에 매우 출중한 인품과 재능을 가져 인생에 있어 더할 나위 없는 기회가 주어지더라도 전과나 범죄경력이 있다면 그 결점 때문에 기회가 사라질 수도 있다. 고위 공직자들에 대한 인선이나 장관 청문회 등을 통해 이미 여러 차례 본보기가 되었듯이 위장전입이나 땅 투기 등 사소히 여겼던 법률위반만으로도 의심과 비난을 받은 뒤, 낙선의 뒤안길로 사라지곤 한다. 이런 교훈이 보여주듯이 **큰 꿈을 가지고 있는 사람일수록 평생 따라다니게**

될 주홍글씨에 대한 두려움을 크게 가져야 한다. 그 자체가 바로 엄
중한 형벌이 아닐 수 없기 때문이다.

K의 선배는 K에게 현금카드와 비밀번호를 주면서 10만원을 찾아오라고
했어요. 그런데 K는 30만원이나 인출해서 20만원을 몰래 가졌어요. 어
차피 그 돈도 불량한 선배가 훔친 돈일 테니 조금쯤은 나눠 가져도 될
거라 여긴 것이지요. 그러나 죄의 성립 여부는 그 돈의 성격에 달린 것이
아니에요. K가 권한 없이 또는 위임의 범위를 넘어 카드정보를 전산기기
에 입력하여 금전적인 이익을 취하는 것에 죄의 성립 여부가 달려 있어
요. 결국 K군은 형법에서 규율하는 전산기기(컴퓨터 등) 사용 사기죄에
해당하는 잘못을 저지른 것이지요.

가족들의 마음에까지
깊이 새겨진다

앞서 범죄로 인해 새겨진 주홍글씨가 여러분의 자존감, 자신감, 꿈을 사라지게 한다고 말했지만, 이는 비단 여러분만 아니라 부모와 형제, 자매에게도 함께 새겨지는 것을 알고 있는가?

범죄의 쾌락은 본인 스스로만 맛보지만, 그로 인한 고통은 본인 외에도 가족 모두가 함께 겪게 된다. 어떤 경우는 정작 본인은 아무런 죄책감이나 책임감도 없고 가족들만 힘들어하는 경우도 있다. '가족'이라는 관계 자체는 죄와 연결되지 않지만, 다른 한편으로는 가족이라는 이유 하나만으로 고통과 책임을 함께 지고 가는 것이기 때문이다.

부모의 다툼과 파탄

자녀에게 주홍글씨가 새겨짐으로 인해 그 가정 전체가 파탄나는 경우를 수없이 보게 된다. 부모는 자식이 저지른 비행에 대한 원인을 따지다가 서로 책임을 전가하며 다투게 되고, 서로에 대해 부정적인 상호작용만을 하게 된다. 비행 자녀의 사소한 행위에도 서로 민감하게 반응하여 화목하게 될 가능성이 희박해지며, 결국에는 별거나 이혼 같은 극단적인 결정까지 하게 된다.

45살 가정주부 M씨는 남편의 지속된 폭력에 시달리다 못해 남편을 상대로 이혼소송을 제기했다. 변호사를 대리인으로 선임하여 소송을 제기했고, 남편 역시 변호사를 선임하여 소송에 응했는데 두 부부의 결혼생활이 파탄에까지 이르게 된 경위가 다름 아닌 비행청소년인 중학생 아들이었다. 하나밖에 없는 외아들이 착실하게 학교를 다니던 초등학교 때까지 M씨 부부는 싸움이라는 것을 해본 적이 없을 정도로 화목한 사이였다. 그러나 아들이 불량한 친구들과 어울려 툭하면 비행을 저지르고 학교와 경찰서에 자주 불려가게 되면서부터 두 부부는 언성을 높여 다투기 시작했다. 외아들에게 큰 기대를 하고 살았던 아버지는 술로 나날을 보냈고, 결국 알코올 중독이 되어 술만 먹으면 아들의 비행을 아내 탓으로 돌리며 폭력을 휘둘렀다. 그렇게 이혼소송까지 이르게 되자 두 부부는 매우 냉정해졌다. 이혼소송을 하더라도 보통은 미성년인 자녀의 친권이나 양육권은 서로 가져가려 하는데 이들 부부는 하나밖에 없는 아들의 친권과 양육권을 서로 떠

넘기려 했다. 판결에 의해 아들의 친권과 양육권은 아버지에게 맡겨졌지만 아버지는 소년원에서 출소한 아들을 받아주지 않았고, 그 아들은 또 다시 가출과 비행을 반복했다.

이렇게 재미로 심심해서 저지르는 비행이 가족 모두를 뿔뿔이 흩어지게 만들 수 있다. 여러분 때문에 다른 형제·자매들까지 편부모 또는 부모 없는 가족 환경에 들어설지도 모른다. 가족의 구조적 환경이 변하는 것은 또 다른 사회문제가 될 뿐 아니라, 비행청소년이 급격히 증가하는 악순환의 고리가 되기도 한다.

가족 모두와의 거리감

가족 간의 의사소통이 문제가 되는 경우도 많이 볼 수 있다. 상대방의 의견을 경청하지 않고, 솔직하지 못하며, 애매모호한 말투로 대화하다보면, 별다른 이유 없이 상대방의 의견에 대해 감정적으로 반응하고, 비난하거나 위협하며 특히 말다툼을 많이 하게 된다. 그렇게 의사소통에 문제가 생기면 부모는 주홍글씨를 새기게 한 장본인의 의견뿐만 아니라 다른 자녀에 대한 의견까지도 무시하게 된다. 몸은 함께 기거하지만 마음은 이미 뿔뿔이 흩어지는 것이다.

이런 무관심과 적대적 상태가 계속되면 자녀 역시 반항적이고 도전적인 행동을 보이게 된다. 공격적인 행동은 물론이고 또 다시 비행을 저지르는 문제행동을 일삼는 것이다.

제2의 범죄와 불행

이렇게 부모와 자식 간의 애착관계가 사라지고, 가정이 주는 관계와 결속이 느슨해지면 청소년들은 스스럼없이 다시 범죄를 저지른다. 가정은 청소년들의 행동을 통제하고 책임감을 지울 수 있는 요인이다. 그런 가정의 결속이 무너지면 범죄를 저지를 위험이 높아지는 것이다. 또다시 자신은 물론 가족 모두의 불행이 악순환된다.

비행청소년들의 가족들이 겪는 고통이 매우 크다는 연구와 조사는 이제 관련학계의 단골 논문주제가 되고 있을 정도다. 부모님은 여러분보다 더 여러분의 꿈과 미래에 대한 희망을 가지고 사는 분들이다. **여러분의 가슴에 주홍글씨가 새겨지면 부모님의 가슴에는 시뻘겋게 달궈진 대못이 박혀 타들어가는 아픔을 느낀다는 것을 기억하자.**

9살 때: "큰 꿈을 가지고 열심히 노력해다오!"

10살 때: "개구쟁이라도 좋다. 튼튼하게만 자라다오."

11살 때: "어디 가서 몸 상할 짓만 하지 마라."

12살 때: "제발 사람 좀 돼라!"

13살 때: "나가 죽어!!"

형사범죄를 저질러 처벌을 받아야 하는 14살 된 자녀를 둔 엄마의 '자녀에 대한 바람'이 변해 온 모습이다. 그녀는 자식에 대한 꿈과 희

망이 매년 이렇게 추락하다가 결국에는 꿈 자체가 사라졌다고 서글퍼
했다. 11살 때까지는 그래도 자식을 사람으로 취급했지만, 얼마나 못
된 행동을 계속했는지 그 이후로는 사람으로 보이지 않을 때도 종종
있었다고 한다. 자식이 사람 구실을 하고 평범한 아이로 돌아만 와준
다면 목숨까지도 내놓겠다며 절박한 심정을 토로한 이 엄마의 가슴에
는 시커먼 대못이 크게 박혀있다.

중학교 3학년인 K는 어느 건물 앞에서 시동이 걸린 채로 세워진 퀵서비
스용 오토바이를 발견했어요. 오토바이가 너무 타고 싶던 K는 잠시 동네
한 바퀴만 돌다가 제자리에 가져다 놓을 생각으로 오토바이에 올라탔지
만, 오토바이 주인이 쫓아와 얼마 가지 못하고 붙잡혔어요. 아무리 잠시
만 사용하고 반환할 생각이었더라도 소유자의 승낙 없이 길가에 세워 둔
오토바이를 사용하면 형사상 처벌이 내려져요. 훔칠 의사도 없고 아주
짧은 시간만 타다 반환한다는 생각에 이건 범죄가 아닐 것이라는 '착각'
을 하기 쉽지만 엄연히 형법에서 규율하는 자동차 등 불법사용죄에 해당
하는 범죄예요.

국가적으로도
많은 불이익이 온다

나라에 의가 지켜지지 않으면 비록 클지라도 반드시 망할 것이요,
사람에게 착한 뜻이 없으면 힘이 있을지라도 반드시 상하고 말 것이다.
– 회남자 –

앞에서 청소년 범죄자가 나중에 성인 범죄자가 될 가능성이 높다는 말을 한 적이 있다. 결국 청소년 범죄자가 많다는 것은 법적 이해력과 사고능력은 물론 긍정적인 사고와 질서의식이 부족한 국가와 민족임을 국제적으로 공표하는 부끄러운 일이 아닐 수 없다. 법률적 가치관이 부족하다는 것은 결국 민주적인 성격도 부족함을 말하기 때문이다.

세계는 대한민국을 날로 발전하는 나라, 민주의식이 분명하게 뿌리내리는 나라로 주목하고 있다. 그러나 사실은 기술적, 경제적인 면에서의 급성장 때문에 좋게 평가되고 있을 뿐, 민주시민의 내공은 그다지 높지 않은 편이다. 부유하게 사는 것만이 좋은 삶의 유일한 척도가 되고, 대부분의 부모들은 자녀가 좋은 성적과 많은 돈을 가지고 살아야 한다는 것에만 관심이 있다. 그런 교육환경 속에서 청소년들이 따듯한 '사람' 보다는 점차 차가운 '기계'가 되어가고 있음은 말할 것도 없다.

인터넷 강국, 세계경제규모 최상위 국가 등과 같은 수식어나 이름이 붙기 전 대한민국의 또 다른 이름은 동방예의지국이다. 그런데 이 호칭을 과연 언제까지 사용할 수 있을지, 아니면 이제는 더 이상 사용하지 못하게 된 것은 아닌지에 대한 의문이 든다. 국가의 청렴도까지 땅에 떨어져 부끄러운 수준에 맴돌고 있으며, 범죄율이나 부패도도 높아지고 있다. 심지어 국제투명성 기구의 조사에 따르면 나라의 미래를 짊어지고 나갈 이 나라 청소년들의 반부패 윤리의식은 아시아에서도 최하위권이라고 한다. 정직하게 사는 것보다 부자가 되는 것이 더 중요하다 생각하고, 거액의 돈을 거머쥘 수 있다면 무엇이든 감내하겠다는 청소년이 4~5명 중 1명꼴이라니, 말문이 막힐 뿐이다.

소년보호사건은 급격히 증가하고 있고 그로 인해 보호시설마다 예산도 모자라 어려움을 겪고 있다. 사회복귀의 교육과 상담이 제대로 못 이뤄지기도 하고 법원이 수강명령을 내려도 수용공간이 모자랄 정도다. 하나는 알고 둘은 모르는 안일한 양육과 성장, 그로 인한 청소년들의 '탈선' 으로 인해 이 나라는 점점 살기 좋은 나라 순위에서 밀리고 있다.

청소년 범죄와 관련한 각종 통계와 양상도 매년 최악의 기록을 경신하고 있다. 이대로라면 대한민국은 경제 강국 대열을 목전에 두고도 낮아진 윤리의식과 높아진 범죄율로 인해 점차 후퇴하는 나라가 될 것이다. 선의의 경쟁보다는 치사한 술책, 공경의 정신보다는 막돼먹은 폐륜이 설치게 될 게 분명하다. 개인의 부유함을 위해서라면 양심의 가책 따윈 신경도 쓰지 않을 것이고 말이다.

소년법에 따라 형사처벌 대신 보호처분을 내리는 10살 이상 14살 미만의 청소년들의 범죄행위가 늘어나는 것도 국가적으로 더 많은 손실과 불이익이 발생하게 하는 큰 요소이다. 범죄청소년을 교화하는 일 이전부터 이미 이들의 크고 작은 범죄 사건에 매달리느라 일선 경찰서의 막대한 수사력과 수사비용이 낭비되고 있다. 경찰서가 얼마나 바쁜 곳인 줄 아는가? 여러분들이 심심하고 할 일이 없어 저지르는 비행이 정작 국가적으로 중요한 일을 방해하고 있는 것이다.

나라에 청소년기의 범죄자들이 기승을 부린다는 것은 곧 그 나라에 망조가 끼었음을 뜻하는 것이다. 여러분의 부모, 조부모님이 피땀 흘려 일으킨 이 나라, 다른 누구도 아닌 바로 여러분이 이어받아야 할 이 나라가 철없는 청소년들의 비행으로 인해 기울어져서는 안 될 것이다.

어쩔 수 없이 새겨졌다면
반드시 극복해야

There is no future in the past.
과거 속에 미래란 존재하지 않는다.

중학교 때 같은 폭력 써클에 있던 J와 D는 본드와 부탄가스를 흡입하며 환각상태에서 비행을 저지르고, 경찰에 붙잡혀 소년사건으로 보호처분을 받은 비행청소년들이다. 그 후 D는 어차피 틀려버린 인생이라 자책하며 자신을 소중히 여기지 않고 계속해서 향정신성약물을 복용하다가 결국 마약까지 손을 대기 시작했다. 반면 J는 처음 받은 보호처분 이후 크게 반성하고 뉘우쳐 학생의 본분을 지키며 열심히 공부에 매진했다. 결국 꿈꾸던 의대에 진학했고 졸업 후 대학병원에서 인턴과정을 거치고 있다. 똑같은 비행으로 똑같이 보호처분을 받았지만 한 사람은 자책의 늪에 빠져 자신을 망가뜨리는 주사기를 들었고, 다른 한 사람은 희망의 빛을 쫓아 환자를 위한 주사기를 들게 된 것이다.

혹시라도 여러분이 나중에 자신이 저지른 일의 잘못을 깨닫게 되었다면 과거의 실수를 너무 자책하지 않는 것이 좋다. 한 번의 실수로 비행을 했더라도 심하게 자기 자신을 미워하며 살다보면 결코 미래가 보이지 않게 된다. 영국의 시인이자 작가인 올리버 골드스미스(1728~74)는 "우리의 가장 빛나는 영광은 절대로 쓰러지지 않는데 있는 것이 아니라 쓰러질 때마다 다시 일어나는 데 있다"라고 했다. 시인 도종환님도 그의 시를 통해 맞장구를 친다. "흔들리지 않고 피는 꽃이 어디 있으랴." 쓰러지고 흔들리는 인생의 역경 속에서도 늘 제자리로 돌아오는 과정을 통해 보다 큰 성장과 더 높은 꿈을 실현하게 됨을 두 사람은 알고 있었던 것이다.

앞에서 범죄로 인해 새겨진 주홍글씨는 여러분의 인생에 부담과 고통이 매우 크고 지속적일 것으로 묘사했지만, 이는 할 수만 있다면 비행에 대한 경험 자체를 처음부터 하지 말아줄 것을 당부하는 의미일 뿐, 한번 실수로 전혀 회복 불가능한 인생이 됨을 뜻하는 것은 아니다.

불미스러운 경험으로 인해 어려움에 부딪쳤을 때에는 얼마나 빨리 다시 일어서는지보다 시간이 걸리더라도 실수와 잘못을 통해 배움을 얻는 것이 더 중요하다. 왜 실수했는지 왜 잘못된 길로 접어들었는지 반성하고 깨닫는 것은 훌륭한 학습이다. 시간이 흐르면서 이 경험은 점차 훌륭한 지혜로 변한다.

먼저, 비행을 저지르고 주홍글씨가 새겨짐으로 인해 단절된 가족과의 대화가 재개되는 것이 급선무다. 가족은 여러분이 존재하고 살아감에 있어서 가장 가까운 아군이면서도 최후의 보루와 같은 존재니까 말이다. 여러분은 다시 부모님에 대한 애정을 확인해야 하고, 부모는 자녀의 긍정적인 가능성을 다시 깨달아야 한다. 긍정적이고 적극적인 대화를 통해 서로 이해할 수 있는 기회가 생겨야 하고 부정적인 상호작용을 원래의 것으로 고치는 계기를 마련해야 한다. 그래야 벼랑 끝에 몰린 자신과 가족 모두의 인생을 극복할 수 있다. 아니, 극복뿐만 아니라 오히려 더 좋은 결과를 얻을 수 있는 기회가 될지도 모르는 일이다.

생활법률 TIPS

성폭행죄는 피해자의 고소가 있어야만 처벌할 수 있는 것으로 알고 있던 K는 친구와 함께 한밤중에 여자를 덮쳤어요. 복면을 하고 있었고 수치심 때문에 여자가 고소하지 못할 것이라 생각했지만, 피해여성은 K와 친구를 경찰에 신고했어요. 범행 중 서로의 이름을 부르던 것을 피해자가 기억했고, 피해현장에서 발견된 모발 등이 범죄를 입증했지요. 그 후, 피해자가 고소를 취하하도록 합의를 봤지만 당초 알고 있던 경우와 달리 형사처벌을 받게 되었어요. 본래 성폭행죄는 고소인의 고소가 있어야만 처벌할 수 있지만, 흉기를 들거나 2인 이상인 경우에는 친고죄가 아닌 특수성폭행죄가 되어 합의나 고소취소가 된다 하더라도 정상참작사유가 될 뿐 처벌은 받도록 되어 있거든요.

소년원 생활의
어제와 오늘

법을 알고 법에 따르는 것이
결국은 가장 현명하고 안전한 삶의 방법이다.

"앞으로 취침! 일어서! 뒤로 취침! 일어서! 자동!" 한 소년원의 운동장에서는 수십 명의 청소년들이 교정 직원들의 구령에 따라 군대 유격훈련의 PT체조와 같은 혹독한 운동을 하고 있다. 공식적으로는 할 수 없기 때문에 운동을 빌미삼아 내리는 일종의 체벌인 것이다. 그깟 얼차려 정도가 뭐 대수냐고 할 수도 있지만, 소년원 생활을 경험한 한 학생은 너무 많은 종류의 체벌이 있어서 전부 기억할 수 없을 정도라고 말한다. 사소한 잘못에도 뺨을 맞거나 구둣발에 정강이가 차이는 가혹행위도 맛보기 정도에 속한다고 한다. 특정 부위를 들먹여 자존심 상하고 모멸감을 느끼도록 하는 체벌도 있을 정도다. 단순한 체벌은 몸으로만 때우면 되지만 특정 부위에 대한 체벌은 분노와 증오심까지 생겨 사회

비행청소년들은 사회에서 나쁜 짓을 마음대로 저지르며 무척이나 자유로운 시간을 보낸다. 게다가 끼리끼리 뭉치면 아무도 함부로 못하는 '막강한 조직'이 되어 학교든 학원이든 눈 아래로는 보이는 것도 없게 된다. 그러다가 결국 붙잡혀 소년원이나 소년교도소와 같은 교정시설에 들어가게 되면 상황이 많이 달라진다. 과거 소년원이라 불리던 곳은 현재 '○○중고등학교'와 같은 명칭으로 바뀌었고 실제로 학교의 기능도 맡고 있지만, 정작 그곳을 학교처럼 느끼는 입소자들은 많지 않다.

잘못 만나면 한 방을 쓰는 동료들과의 생활도 순탄하지 않다. 자칫하다간 텃세에 휘말리게 된다. 심한 경우 너무 세게 맞아 죽음의 공포까지 느끼는 사람도 있을 정도다. 그곳에서 나이는 아무 상관이 없다. 방장에겐 무조건 존댓말을 써야 하고, 아무리 사회에서 잘나갔다 하더라도 한번 방장의 눈밖에 벗어나면 답이 없다.

물론 요즘은 시설이 많이 좋아져서 이런 문제가 거의 사라졌다고는 하지만 여전히 밖에서는 진실을 알기가 어렵다. 교정시설 자체가 국가의 행정시설이고, 교정업무라는 것도 행정업무에 속하기 때문에 그 실체를 공식적으로 밝히는 일은 사실상 불가능에 가깝기 때문이다. 이렇듯 다녀온 사람들의 고백과 증언에 의존할 뿐이니 잠깐일지라도 머물고 싶은 곳은 아니라는 생각이 분명히 들 것이다.

형법이 가만 안 두겠다는 14살,
너는 누구냐?

14살, 험난하지만 희망이 있고
방황하지만 가능성이 있는 존재들이다.

"나 14살. 뭐, 14살 모두를 대표하는 건 아니고 쫌 떨어진 14살.

나로 말할 것 같으면, 얼굴이 자~알 생겨서 인기가 너무 많아,

괴롭지.

아무리, 아무리 노력해도 (불량)친구가 끊어지질 않아,

피곤해.

힘든 건 하나(?)도 없으면서 지루할 틈 없는 일상에,

지치고.

공부만 (강)권하는 어른들이 존경스러워,

겁나게.

부모님은 사랑스러운 분들이야,

죽도록.

14살, 난 뭐 이런 사람이야."

"난 어른. 뭐, 어른 모두를 대표하는 건 아니고 쫌 떨어진 어른.

14살 너로 말할 것 같으면, 아주 많이 용감하지. 갈수록,

대범해.

똑똑함이 둘째가라면 서러울 듯,

지능적.

몸집이 아주 많이 커졌어,

통계 높아.

정이 많은지 어울리는 걸 좋아해,

조직화.

벌써부터 어려 보이는 걸 좋아해,

저연령.

14살, 넌 좀 그런 사람이더라."

갈등과 오해, 그리고 미움을 가지고 현재를 살아가는 14살과 어른들, 그들의 마음을 '14살에 대한 정의내림' 형식을 빌려 표현해봤다. 14살도 그렇고 어른도 그렇고 서로에 대한 감정이 있어서 매우 노골적이다. 모두가 그렇지는 않지만 실제로 많은 14살과 어른의 관계가 이런 식이다. 14살은 삐딱하게 말하고, 어른들은 차갑게 받아친다. 그러다보니 14살은 진지하게 자신의 처지를 상담하지 않게 되고, 어른

역시 더 이상 14살의 현주소를 살펴주지 않는다. 모두 반성해야 할 일
이다.

　"14살, 사실 여러분은 일탈과 방황을 거쳐 자기개성을 형성하는 것
이 정상인 시기입니다.
　혼란스러운 게 당연해요.
　가정, 학교로부터 느끼는 무관심, 단절감에 심리적 갈증이 심하죠?
　용기 내요.
　사회의 급격한 변동과 성장이 사치와 허영을 모방토록 하지만,
　호기심은 죄가 아닙니다.
　괜히 사람들과 조화를 못 이루며 사춘기가 오지만,
　봄(春期)에 씨 뿌려야 열매를 맺지요.
　예측불가의 행동으로 질풍노도의 시기를 통과한다 말하지만,
　어른들의 삶도 결국 비슷해요.
　14살, 여러분의 인생은 이제부터 시작입니다."

〈학교폭력예방 및 대책에 관한 법률〉 요약

'학교폭력예방 및 대책에 관한 법률'에는 국가와 지방자치단체, 그리고 학교가 수행해야 할 임무가 수록되어 있다. 청소년에게 직접적으로 의무를 요구하는 법률이 아니고 규정과 시설의 설치라는 매우 포괄적 규정이다. 그렇긴 해도 그 대상이 학생이므로 청소년과 무관한 것은 아니다. 학교폭력의 예방과 대책을 위한 시설과 규정을 알아두는 것도 매우 필요하다. 이 법은 피해 학생을 보호하고 가해 학생을 선도·교육하며 피해 학생과 가해 학생 간의 분쟁조정을 통하여 인권을 보호하는 등 학생을 건전한 사회구성원으로 육성함을 목적으로 하고 있다. 각자의 임무를 살펴보자.

먼저 국가와 지방자치단체는 학교폭력을 예방하고 근절하기 위해 조사·연구·교육·계도 등 필요한 법적·제도적 장치를 마련해야 한다. 또한 청소년 관련 단체 등 민간의 자율적인 학교폭력예방 활동과 피해 학생의 보호 및 가해 학생의 선도·교육활동도 장려해야 함은 물론이다. 이에 따라 교육과학기술부장관은 학교폭력대책기획위원회를 그 소속에 두고 설치해야 하며 그 위원회는 지역의 학교폭력 문제를 해결하기 위해 각 시·

도에 학교폭력대책지역위원회도 두어야 한다.

또한 각 교육감은 시·도교육청에 학교폭력의 예방과 대책을 담당하는 전담부서를 설치·운영해야 하고 관할 구역 안에서 학교폭력이 발생한 때에는 해당 학교의 장 및 관련 학교의 장에게 그 경과 및 결과의 보고를 해야 한다. 학교의 장은 학교에 상담실을 설치하고, 전문상담교사를 둬야 하며, 전문상담교사는 학교폭력에 관련된 피해 학생 및 가해 학생과의 상담결과를 보고한다. 또한, 학생의 육체적·정신적 보호와 학교폭력의 예방을 위한 학생들에 대한 교육을 학기별로 1회 이상 실시해야 하며 학교폭력의 예방 및 대책 등을 위한 교직원에 대한 교육도 학기별로 1회 이상 실시해야 한다.

학교의 자치위원회는 피해 학생의 보호를 위해 필요한 경우 심리상담 및 조언, 일시보호, 치료를 위한 요양, 학급 교체, 전학 권고, 그 밖에 피해 학생의 보호를 위해 필요한 조치를 할 것을 학교의 장에게 요청할 수 있다. 피해 학생이 전문단체나 전문가로부터 심리상담 및 조언, 일시보호, 치료를 위한 요양을 받는데 사용되는 비용은 가해 학생의 보호자가 부담해야 한다. 또한 피해 학생의 보호와 가해 학생의 선도·교육을 위해 필요한 경우 피해 학생에 대한 서면사과, 피해 학생에 대한 접촉, 협박 및 보복행위의 금지, 학교에서의 봉사, 사회봉사, 학내외 전문가에 의한 특별 교육이수 또는 심리치료, 10일 이내의 출석정지, 학급교체, 전학, 퇴학처분 중 어느 하나에 해당하는 조치할 것을 학교의 장에게 요청할 수 있다. 단, 퇴학처분은 의무교육과정에 있는 가해 학생에 대하여는 적용하지 않고 있다. 자치위원회는 학교폭력과 관련하여 분쟁이 있는 경우에는 그 분쟁을 조정할 수 있다.

학교의 장은 교육감에게 학교폭력이 발생한 사실 및 규정 따른 조치 및 그 결과를 보고하고, 관계 기관과 협력하여 교내 학교폭력 단체의 결성 예방 및 해체에 힘써야 한다.

학교폭력 현장을 보거나 그 사실을 알게 된 사람은 학교 등 관계 기관에 이를 즉시 신고해야 한다. 신고를 받은 기관은 이를 가해 학생 및 피해 학생의 보호자와 소속 학교의 장에게 통보하고, 소속 학교의 장은 지체 없이 이를 자치위원회에 통보해야 한다. 누구라도 학교폭력의 예비·음모 등을 알게 된 사람은 이를 학교의 장 또는 자치위원회에 고발할 수 있다. 다만, 교사나 학교직원이 이를 알게 되었을 경우에는 학교의 장에게 보고하고 해당 학부모에게 알려야 한다.

국가 및 지방자치단체는 학교폭력을 수시로 신고 받고 이에 대한 상담에 응할 수 있도록 긴급전화를 설치해야 한다. 학교폭력의 예방 및 대책과 관련된 업무를 수행하거나 수행하였던 사람은 그 직무로 인하여 알게 된 비밀 또는 가해 학생·피해 학생 및 신고자·고발자와 관련된 자료를 누설하면 안 되도록 하는 규정이 있다.

준법을 위해 필요한
14살의 10계명

자신을 소중히 여겨라

자기를 소중히 여기는 마음은 전쟁터와 같은 세상에서 살아남을
가장 훌륭한 갑옷을 입는 것과 같다.
– 클랩카 제롬 –

감옥에서 청춘을 보내는 청소년 수감자들

최근 청소년 범죄가 증가하는 한편으로 그 잔인함과 포악함의 수위가 점점 더 높아지고 있다. 사법당국은 이런 청소년들에게 경각심을 주고 청소년 범죄의 증가를 막기 위해서 죄질이 좋지 않은 이들에게 무거운 처벌을 내리고 있는 추세다. 과거에는 청소년들이 사회로 건전하게 복귀할 수 있도록 소년보호사건으로 처리하는 등 많은 배려를 하였지만 최근에는 범죄자를 사회로부터 분리시키고, 질이 좋지 않은 죄를 지으면 벌을 받게 된다는 원칙을 보여주고 있는 듯하다.

단 한 번의 범죄로도 청춘과 일생 대부분을 감옥에서 보내게 될 수가 있다. 살인과 강도 등 강력범죄를 저지르고 푸른 청춘을 외부

세계와 단절된 감옥에서 보내고 있는 젊은이들이 실제로도 많이 있는 것이다. 꽃처럼 활짝 피어야 할 소중한 자신을 어두운 감옥에 가둬 말려 죽이는 셈이다.

나쁜 짓을 안 해봤다고 손해 보는 것은 아니다

"너 그거 해봤어?" 범죄를 저지르는 친구들은 마치 자신들이 대단한 모험을 하거나 새로운 신분, 계급으로 상승한 것인 양 범죄에 대해 자랑한다. 그런 못난 자랑도 잘못이지만, 그런 친구들을 부러워하며 '나도 한번?'이라는 마음을 먹는 사람은 더 질이 안 좋다. 왜냐하면 다른 친구들이야 우발적인 기회였을 수도 있지만, 따라하는 범죄는 그야말로 계획적이고 의도적이기 때문이다. 우발적인 것보다 계획적인 범죄가 더 엄하게 처벌된다는 사실은 이미 잘 알고 있을 것이다. 자신을 소중히 여기는 자세를 가지자. 범죄나 도덕적 잘못은 경험해 보지 않아도 전혀 상관없는 것들이다. 손해 볼 일이 전혀 없다.

서 있을 때 넘어질 것을 염려해야 한다

지금 현재 공부를 잘하고, 집안 환경도 좋고, 착하게 모범생으로 잘 지낸다고 생각하는가? 하지만 그럴수록 더 조심해야 한다. 청소년 범죄의 우려할만한 동향 중에는 **중산층 이상의 부족할 것 없는 배경에서 자란 청소년들의 범죄가 점차 증가하는 현상이 있다.** 과거에는 빈곤한 환경의 청소년들이 주로 범죄자가 되었지만 점차 양상이 변하는 추세다. 그러므로 환경이 좋고 잘 지내고 있을 때, 서 있을 때 넘어질 것을 조심할 줄 아는 마음을 먼저 길러야 한다. 여러분은 소중하기 때문이다.

생활법률 TIPS

원조교제를 가볍게 여기는 친구들이 많아요. 걸리더라도 처벌보다는 귀가처분이나 사회봉사명령, 선도보호시설위탁, 병원위탁 정도의 보호처분만을 받는 경우가 있기 때문이겠죠. 그러나 성인들과 연락을 주고받으며 돈을 목적으로 죄의식 없이 상습적으로 원조교제를 하는 청소년은 보호처분만으로 그치지 않아요. 자칫하면 윤락행위방지법 위반에 의해 입건될 수 있다는 사실을 알아야 해요.

분노를 조절하라

분노를 조절하는 것은 결코 쉬운 일이 아니다.
그러나, 분노로 인해 맞게 될 커다란 난관을 막는
가장 쉬운 일이라고는 말할 수 있다.

나는 누구일까요?

- 사람에 따라 엄청나게 커질 수도 있고, 순식간에 소멸하기도 합니다.
- 괴로움을 순간적으로 해결해 줄 수 있지만 그 때문에 더 많은 괴로움에 빠질 수도 있습니다.
- 밝은 장소는 싫어하는 편이고, 서늘하고 어두운 곳에 있는 사람들과 친합니다.
- 대부분 반갑지 않게 여기지만, 찾는 사람들이 매년 늘어나고 있습니다.
- 짧은 시간에 이루어지지만, 긴 시간동안 영향을 미칩니다.
- 얻는 것보다는 잃는 게 많은 편입니다.

노는 여러분의 마음뿐만 아니라 몸도 상하게 한다. 만족감을 떨어뜨리고 행복감을 사라지게 하며, 기운이 빠지고 잠도 안 오고 소화불량의 원인까지 된다. 때로는 파도처럼 순간적이고 거칠게 발생하기도 하지만 때로는 가랑비에 옷 적시듯 스며들어 미묘하게 감정을 자극한다. 이타심을 떨어뜨리고 결국에는 분쟁을 일으키게 되며, 잔인무도한 범죄나 자살의 원인이 되고, 좋게 마무리 될 수 있었던 일들도 분노의 괜한 방해 때문에 몇십 배 몇백 배 불어나 결국에는 나쁘게 터지고야 만다.

그런데 사람들은 분노를 가라앉히는 일에 대해 큰 오해를 하고 있다. 대부분은 분노를 가라앉히는 일을 물러서는 것, 약해지는 것, 패배하는 것으로 생각한다. 그러나 결코 그렇지 않다. 분노가 일으키는 엄청난 결과와 후회를 감안해보면 그것은 현명한 길로 우회하는 법이고, 이기는 방법이며, 오히려 인간관계를 더욱 결속시키는 것이다. 분노를 다스릴 줄 아는 것은 결국 자기 자신에 대한 가치를 높이는 것이기도 하다. 분노와 씨름하는 것은 결단코 해결책이 아니다.

분노의 원인을 다른 사람, 다른 곳에서 찾는 이가 대부분이지만 분노를 만들어 내는 것은 여러분의 마음이다. 결국에는 자신의 마음을 가라앉히기만 하면 분노의 덫에서 벗어날 수 있다는 말이다. 분노는 폭언, 폭력, 살인, 전쟁과 같이 폭발적으로 발산되기도 하지만, 사실 그 전에 강박관념, 절망, 정신장애, 비난, 거짓말, 중독 등이 은밀하게 미리 작용하는 경우가 많다. 폭발적으로 발산하는 시기는 분노 조절이 어렵다. 분노를 조절하는 단계는 앞서 말한 것과 같이 미리 은밀하게 작용하는 단계에서 조절하는 것이 쉽다. 이때 분노의 발산으로 인해 여러분과 피해자들이 겪게 될 고통을 함께 생각해보자. 그렇게 하면 분노의 억제가 보다 효과적일 것이다.

스스로 스트레스를 줄이려는 노력도 필요하다. 중고생 10명 중 무려 7명이 생활의 모든 면에서 스트레스를 받고 있다고 한다. 10대들이 화를 주체하지 못하고 금방 성격을 드러내며 하루에도 몇 건씩의 충동범죄를 일으키고 있는 이유가 어느 정도 납득이 갈 정도다.

부모들은 자녀가 어떤 돌출행동을 하게 될지 몰라 아무 조치도 못 취하는 경우도 있다. 그저 눈치만 보다가 눈이라도 마주치면 모르는 척 외면하는 것이다. 여러분들의 분노에 대한 정체는 스트레스다. 분노 자체를 바라보면 악화되는 방법이 떠오르지 않지만, 그 원인을 스트레스에서 찾다 보면 이를 완화하는 것은 보다 쉬워진다.

한 번쯤은 괜찮겠지 하는
생각부터 버려라

자신과 싸워 이겨라.
하지만 법을 어기면서 싸우지는 마라.

아무리 어린 청소년들이라 해도 비행을 저지르기 전에 자신의 행동이 누군가에게 피해가 될 수 있고, 사회적으로 용인할 수 없는 행동임을 어느 정도는 인식한다. 그럼에도 범행으로 인해 얻을 이익에 눈이 멀어 뒷일을 생각하지 않고 자기 위안적인 판단으로 범행에 착수한다. 참으로 어리석은 일이 아닐 수 없다. 그 누가 한번쯤은 괜찮다고 말해줬는가? 아무도 그런 말을 한 적이 없다. 단지 본인 스스로 "한 번은 괜찮아. 안 걸리면 그만이고, 다시는 안 하면 되잖아?"라는 자기최면을 걸 뿐이다. 모든 청소년 범죄자는 이렇게 시작하는 경우가 많다.

게다가 어찌된 일인지 비행이 발각되고 처벌받게 되면 '반성'보다 '반발'하는 청소년들이 더 많다. 잘못이 분명하니 다시는 그러지 말라는데도 전혀 받아들이거나 고개 숙이는 법이 없다. 오히려 보란 듯이 더욱 포악스럽고 습관적으로 변해간다. 이미 범죄자라는 주홍글씨를 낙인 받았다는 체념 때문에 추가적인 범죄에 대한 죄의식을 갖지 않는 탓도 크다. 범죄로 인해 얻는 순간적인 이익이나 즐거움을 이미 맛보고 중독되었기 때문이다. **처음 범죄를 저지르기 위해 열흘을 고민했다면, 두 번째 범죄를 위해서는 하루를 고민하게 되고, 세 번째 범죄는 1시간으로 줄어들며, 그 다음부터는 아예 고민을 하지 않게 된다. 생각 없이 범죄를 저지르는 것이다.** 따라서 비행은 아예 처음부터 시작을 말아야 한다.

비행이 발각되지 않아도 문제다. 첫 경험이 '무사통과' 되는 경우 상당수의 청소년들은 그런 식의 비행이 발각되지 않는 게 당연한 듯 인식하게 된다. 남에게 피해가 되지만 자신에겐 즐거운 일이 아무런 제재를 받지 않게 되면 제2, 제3의 비행에 대한 유혹이 매우 강렬해질 수밖에 없다.

최초의 범죄는 질긴 잡초의 씨앗을 마음 밭에 심는 것과 같다. 잡초는 한번 심어지면 금방 뿌리가 내리고 줄기가 길게 자라며, 얼마 지나지 않아 주변에 번식하여 건전한 양심과 도덕심의 양분을 좀먹는다. 잡초는 해롭고 억센 식물이어서 뿌리째 뽑지 않으면 또 다시 자란다. 그러니 그 씨앗조차 만지작거리지 말아야 한다. 부디 한 번쯤은 괜찮지 않을까 하는 호기심부터 버리자.

입장을 바꿔서
생각하라

이타심은 준법과 도덕에 가장 많은 피를 공급하는 심장이다.

여우가 자신의 집에 두루미를 초대했다. "식기 전에 어서 드세요"라고 말한 여우는 혀를 내밀고는 접시의 스프를 맛있게 핥아먹었다. 그렇지만 두루미는 아무리 애를 써도 냄새만 맡을 수 있을 뿐 접시의 스프를 먹을 수가 없었다. 분한 마음을 가지고 돌아간 두루미가 이번에는 여우를 자신의 집으로 초대했다. 여우와 마찬가지로 "식기 전에 어서 드세요"라고 말한 두루미는 기다란 부리로 물병 속의 음식을 맛있게 먹었다. 그렇지만 여우는 아무리 애를 써도 냄새만 맡을 수 있을 뿐 주둥이가 길쭉한 물병 속의 음식을 먹을 수가 없었다.

위의 우화처럼 실제로 사람들은 상대방에 대한 배려가 많이 부족하고, 그로 인한 분쟁, 보복을 자주 경험하며 살고 있다. 이렇게 입장을 바꿔서 생각하지 못한 행동은 상대방에게 분하거나 억울한 마음을 심어 사이를 갈라놓을 뿐 아니라, 상대방으로부터 보복까지 당하는 결과까지 초래한다. 심지어는 그러한 보복이 몇 차례 더 악순환되기도 한다. 복수가 복수를 낳는 것이다. 누가 먼저가 됐든 서로 상대의 입장을 고려하지 않고 속 좁은 행동을 지속하면 자기만 손해이고 서로에게 상처만 남을 뿐인데도 말이다.

'역지사지(易地思之)'라는 사자성어가 있다. 상대편의 처지나 입장에서 먼저 생각해보고 이해하라는 뜻이지만, 사람들은 이 삶의 훌륭한 교훈을 절반만 이해하고 적용한다. 자신의 상식과 이론의 범주 내에서 이해되는 일들만 역지사지를 적용하는 것이다. 그 범주를 넘어서고 이해되지 않는 일들은 아예 역지사지를 빼먹는다. 두루미처럼 말이다.

이솝우화를 보면 여우가 먼저 두루미의 긴 부리를 고려하지 못한 잘못이 있어 두루미로부터 응분의 보복을 당한 것처럼 보이지만 사실 그 사이에는 두루미가 취하지 못한 역지사지가 빠져 있다. 여우의 처지나 입장이 되어 메뉴를 왜 스프로 정했으며 식기는 왜 물병이 아닌 접시로 사용했는지에 대한 이해와 입장 바꿈이 없었던 것이다. 그저 여우가 자신의 상식과 입장에 맞지 않은 행동을 먼저 하였으므로 '눈에는 눈, 이에는 이'의 방식으로 보복했을 뿐이다. 만약,

두루미가 여우를 이해하고 용서한 뒤 여우가 먹기 좋은 그릇을 내놓았다면 여우는 자신이 했던 행동이 부끄러워 쥐구멍이라도 찾았을 것이고, 그랬더라면 두루미는 역지사지를 고려했을 뿐 아니라 미덕까지 실천했다는 칭송을 얻었을 것이다. 여우가 쥐구멍을 찾아 들어갔다면 '보복'은 저절로 그리고 덤으로 얻게 되었을 것인데 말이다.

다소 자의적으로 해석하여 역지사지의 의미를 넓혀보았지만, 결국 역지사지란 무조건 입장만을 바꾸어서 생각하는 것을 이야기 하는 것이 아니다. 놓인 문제가 상식적이든 비상식적이든 옳든 그르든 간에 서로의 관계를 원만하게 하고 트러블을 해결하고자 하는 자세에서 그 입장 바꿈을 시작하는 것이 바로 역지사지이다. 이렇게 되면 이 사회에서의 분쟁과 갈등이 현저히 줄어들 것이고 고소, 고발과 같은 막장 분쟁도 남발되지 않을 것이다.

생활법률 TIPS

'명예훼손'이라고 하면 허위의 사실을 퍼뜨리는 경우로만 알고 있는 친구들이 많은데 절대로 그렇지 않아요. 상대방의 명예를 훼손하였다면 그 내용이 비록 사실이라 해도 형법이 규율하는 명예훼손죄가 됩니다. 유포한 내용이 본인으로부터가 아닌 다른 사람으로부터 얻은 것이라 해도 그것에 관계없이 처벌되지요.

모방범죄를 하지 말고
롤모델을 정하라

모범이 되는 사람을 그대로 따라 하는 것과
그 사람과 같은 체 하는 것 사이에는 큰 차이가 있다.
−벤저민 프랭클린−

꿈의 실현을 위해 누군가를 닮으려 한다는 점에서 여러분들은 두 유형으로 나뉘게 된다. 먼저 향락과 한탕주의에 빠져 범행을 행동에 옮긴 범죄자를 모방하려는 유형 그리고 건전한 꿈을 정직하게 이룬 이들을 자신의 롤모델로 삼으려는 유형이 그것이다. 많은 시간을 투자하고 수많은 서적이나 관련 자료를 신중히 검토해야 하는 후자의 유형과 달리 전자의 유형은 TV, 인터넷 등 매체를 통해 간단하고도 즉흥적으로 모방할 대상을 찾아낸다. 대상을 선정하고 그 대상의 습관이나 업적을 비슷하게 따라한다는 점에서 모방과 롤모델의 외형은 비슷하다. 그러나 접근하는 이의 자세, 접근방식, 그로 인한 결과에서 명백하고도 엄청난 차이가 난다.

모방범죄가 주는 폐해

범죄를 모방하려는 이들은 흥미 위주의 폭력적이고 음란한 컴퓨터 게임, 영화 등을 통해 잘못된 정보를 받아들인다. 폭력적인 행위가 보상받는 쉬운 방법이라 여기거나, 선과 악을 잘못 구분한 뒤 그릇된 고정관념이 생기는 것이다. 다른 집단에 대한 부정적인 접근을 하여 의사소통도 잘 안 된다. 비행을 미화시킨 연기자, 범죄자의 수법을 세밀하게 따라한다.

미국 최악의 총기난사사건으로 기록된 버지니아공대 총격사건의 범인은 한국계 학생이다. 무려 32명을 죽이고 29명을 다치게 한 엄청난 사건이었다. 범행 직후 자살을 한 그 학생은 대인 기피성 성격 장애, 정신분열적 편집증 등을 의심받았지만, 사건 전 방송국에 보낸 사진들에 따르면 그가 폭력적인 인터넷, 컴퓨터, 영화, 게임 등의 대중문화를 모방했을 것이라는 분석도 있다.

자신을 괴롭힌다는 이유로 수업중인 친구의 등을 흉기로 찔러 숨지게 한 16살의 학생도 조직폭력배의 의리와 배신을 다룬 폭력영화를 통해 용기를 얻은 뒤 범행을 저질렀다고 한다. 이처럼 판단력이 발달하지 못한 상태에서는 못난 영웅의식과 강한 호기심이 불필요하게 발동할 수 있다. 그리고는 자신도, 가족도 어찌할 수 없을 정도의 엄청난 비극을 초래하는 것이다.

롤모델이 주는 장점

반면, 롤모델은 자신의 꿈을 구체화하는 가장 확실한 방법이라 해도 과언이 아니다. 시작이 반이라는 말처럼 인생의 성공을 위해 롤모델을 정했다면 그 사람은 이미 성공의 절반은 이룬 셈이다. 남다른 창의성과 도전정신을 가진 거장이 성취한 업적, 그 과정 등을 닮아가려는 노력이 '시작'되었기 때문이기도 하지만, **롤모델을 찾고자 하는 자신의 동기와 목적을 깨닫고, 그것을 선정하는 과정자체가 매우 중요하기 때문이다.** 롤모델을 제대로 선정했다 함은 자신의 성향과 기질까지도 잘 파악하고 그에 맞는 분야의 위인을 선택하였다는 말이기도 하다.

도덕과 윤리가 문란한 위인은 없다

일시적으로 그리고 환경적으로 위법한 결과를 초래하였을지는 몰라도 근본적으로 위인들 중에는 법을 고의로 위반하는 사람은 없다. 불법적인 방법으로 과업을 성취하였다면 그것을 업적이라 부르지 않았을 것이며, 준법하지 않으면서 사람들의 존경과 신망을 얻을 수도 없었을 것이기 때문이다. 반기문 UN총장, 소설가 이외수, 오지 탐험가 한비야 등 우리나라 사람이 가장 본받고 싶은 인물, 가장 롤모델로 삼고 싶어 하는 인물들 중 도덕과 윤리가 뒷받침하지 않은 위인은 없다.

결국 롤모델을 정하고 그들의 삶을 따라 간다는 것은 여러분의 준

법생활이 건전하게 유지될 것이라는 의미로도 해석되는 것이므로,
반드시 자신의 롤모델을 가져야 한다.

K군은 술김에 동네 여자를 무력으로 성폭행을 하려다 양심의 가책을 느껴 포기하고 보내줬어요. 그런데, 얼굴과 팔에 찰과상이 생긴 여자 쪽에서 K군을 강간치상죄로 고소하여 재판을 받게 되었죠. K군은 재판에서 여자를 다치게 한 일은 인정하지만 성폭행을 하지 않고 스스로 중단했으므로 강간치상죄를 인정할 수 없다고 주장했지만 받아들여지지 않았어요. 사람을 다치게 한 결과가 발생하는데 그 과정이 기본범죄인 성폭행 도중에 발생한 것이면 이는 처벌을 가중하게 됩니다. 기본범죄인 성폭행이 성공을 했는지 못했는지는 따지지 않아요. 따라서 자신의 의사에 의해 성폭행을 하지 않고 도중에 그쳤더라도 그 수단이 된 폭행에 의하여 피해자가 피해를 입었으면 강간치상죄가 성립합니다.

가출하지 마라

집 떠나면 개고생이다.

가출은 문제를 더 복잡하게 만든다

초중고생 10명 중 한 명꼴로 가출을 경험한다고 한다. 무슨 좋은 경험이라고 그리들 많이 가출을 하는지 알 수 없지만, 그 중 35% 정도는 심심해서, 무작정 친구를 따라서 시작한다고 한다. 청소년의 가출은 "조만간 범죄를 저지르겠다"는 뜻이라고 해도 과하지 않을 정도로 연결성이 높다. 경제력이 없는 청소년들이 가출하면 거처와 생활비 자체가 없으므로 이를 조달하기 위해 범죄의 유혹에 빠지게 되고, 내키지 않더라도 당장 먹을 것, 잠잘 곳, 입을 것이 없어 강도, 절도 행각을 벌이게 된다. 결국 가출은 범죄의 주된 동기가 되므로 무슨 일이 있더라도 가출을 해서는 안 된다.

가출을 하면 당면한 문제의 해결도 어려워진다. 가출의 원인이 성적 문제든 부모와의 갈등 때문이든, 심지어 학교폭력의 피해와 같은 문제라 하더라도 상황을 더욱 악화시킬 뿐 근본적인 해결은 결코 될 수 없다. 아니, 문제해결에 어떠한 도움도 되지 못한다.

가출은 마약이다

가출은 마약과 같다. 중독성이 있기 때문이다. 여성가족부가 2008년 전국 중고교 재학생 1만 5천여 명을 대상으로 실시한 청소년 유해환경종합실태조사에 따르면, 가출을 경험한 청소년 중 두 번 이상 가출한 청소년이 무려 54.4%에 달했다. 사실 가출의 '맛'이 좋아서 다시 하는 것은 아니다. **최초의 가출로 인해 고민거리가 더 많아지고, 불화와 갈등을 더 일으키게 되자 현실 도피적으로 다시 가출을 선택하게 되는 것이다.** 처음 가출하는 시기도 점차 빨라지는 추세다. 무려 38.5%가 초등학교 때 첫 가출을 경험한다.

가출이 마약인 두 번째 이유는 수렁으로 끌고 들어가기 때문이다. 여자 청소년들은 생활비 마련을 위해 자연스럽게 성매매에 빠지게 되고, 남자 청소년들은 퍽치기 등 절도행각에 빠지게 된다. 결국 범죄자가 되어 감옥까지 들어가는 것이다. 그와 같은 수렁에 스스로 빠지고 싶은 사람은 아무도 없다. 그렇기 때문에 가출을 고약한 마약과 같다고 하는 것이다.

자신의 행위에
모의재판을 내려라

스스로에게 형벌을 내리는 것은
비행과의 결별을 선포하는 것이다.

대부분의 법과 대학에서는 실습차원에서 모의재판을 한다. 요즘은 일부 중고등학교에서도 학생들의 준법의식이나 도덕심 향상을 위해 학습활동의 일환으로 모의재판을 여는 곳이 많다. 학생들이 판사와 검사, 변호인, 피고인, 증인 역할을 분배하여 각자의 역할에 맞는 재판을 준비한 뒤 변론과 증언의 과정을 거쳐 구형과 판결까지 내리게 된다.

모의재판은 법정의 모습을 단순히 재현하는 것에 그치지 않고 법의식을 고양시키고 사법제도에 친밀감을 느끼도록 한다. 무엇보다도 스스로 자신의 잘못을 개선한 뒤 자긍심을 회복하도록 하는 장점이 있다. 만약 자신의 의견이 다수의 사람들과 많이 달라지면 그때는 자신의 준법의식에 대한 점검을 해봐야 한다. 자신의 사고와 행동을 돌아보고 분석해보자. 그러면 무리 내의 규칙으로부터 점점 이탈해왔던 자신을 발견하게 될 것이다.

1인 4역으로 혼자만의 즉흥적인 재판을 내려본다

자신이 한 행동 중 조금이라도 양심의 가책이 느껴지는 것이 있다면 즉흥적으로 재판을 내려라. 본인이 피고인임은 물론이고, 잘못을 엄하게 다스리려는 검사가 되기도 하고, 무죄나 면책을 유도하는 변호인이 되기도 하며, 두 변론에 대한 객관적 판단을 내리는 판사가 되기도 하는 것이다. 처음에는 객관적이고 합리적인 판단보다는 개인적인 사정에 맞추고 주관적인 판단부터 하기 쉽겠지만 자신의 비행에 대해 재판 내리는 일을 습관화하다 보면 점점 양심적인 판단이 시작되고 결과적으로는 객관적이며 합리적인 판단을 하게 된다.

판결에 따른 처벌은 반드시 과제로 대체한다

판결을 내린 결과 그 행위가 무죄라면 무죄로만 끝내지 말고 '재판'에 회부될 정도의 문제의식이 왜 발생한 것인지, 바람직하지 못한 행위는 아니었는지 등을 반성해보자.

반면, 판결 결과가 유죄였다면 처벌을 반드시 내려야 한다. 처벌이 뒤따르지 않는 재판은 자신의 잘못에 대한 단순한 기억이나 양심적 고찰 정도에 그칠 수 있다. 대신 처벌 수위는 금연이나 금주, 독서, 집안일 돕기, 봉사 등과 같은 자신의 생활과 밀접한 과제로 대체

해보자. 바람직한 일도 하고 준법의식도 챙기고. 이런 게 바로 일석
이조라는 것이다.

리걸마인드(Legal mind)를 갖추어라

법적 판단을 받는 일이 여러분과는 무관한 곳에 그리고 생각보다 먼
곳에 있는 것 같은가? 그렇지 않다. 학교에 가고, 학원을 다니고, 인
도와 차도를 걷고, 식사를 하고, 휴대폰을 사용하고, 인터넷에서 물
건을 사고, 홈페이지를 만들고, 음악을 다운받거나 업로드 하고…….
이 중에서 법과 전혀 무관한 일은 없다. 법은 우리의 생활 그 자체이
다. 수시로 하는 생활에 대한 반성도 중요하지만 삶의 자세가 준법적
인 사고로 무장되어야 한다.

'리걸마인드(Legal mind)'라는 말이 있다. 보편적으로 법적인 사고
력이라는 뜻이지만 법률적 자세, 법률적 판단력이라는 의미로도 폭
넓게 쓰인다. 과거에는 주로 법조인이 될 사람이나 법학자들에게 요
구되는 것이었지만, 요즘은 사회를 살아가는 모든 사람에게 요구되
는 마음가짐이다.

이 사회는 그 어느 때보다 복잡해지고 개인주의화 되고 있다. 자
신들의 권리 찾기가 일반화되자 너도 나도 리걸마인드에 입각한 조
심, 경계, 공격을 하며 산다. 극단적으로는 리걸마인드를 갖지 않고
서는 사회생활을 할 수 없다고까지 말하고 싶다. 리걸마인드를 갖추
면 자신의 행위에 대한 모의재판을 내릴 때 합리적인 판단을 내릴 수

있을 뿐 아니라, 사전에 위법적인 행위 자체를 피할 능력이 생긴다.

　합리적인 판단과 잘못에 대한 적절한 처벌이 지속된다면 여러분은 그 어떤 종류의 습관보다 훌륭한 습관을 갖춘 것이 되고, 결국은 그 습관이 여러분의 인생을 변화시킬 것이다.

생활법률 TIPS

사랑하는 것도 죄냐고요? 죄가 될 때가 있어요. 아무리 뜨겁게 그리고 진심으로 사랑한다고 해도 싫다는 상대에게 사랑과 관심을 강요해서는 안 돼요. 상대방이 자기를 외면하면 갖은 폭언과 협박의 내용으로 휴대폰 문자나 협박성 메일을 보내는 사건이 많아지고 있어요. 그러나 형법상 협박죄가 성립될 가능성이 높으니 항상 조심해야 해요.

내 탓 하며 화해하라

화해하지 않는 이들 사이에는 승자가 없다.
싸움꾼들만 있을 뿐이다.

다투는 대상이 가족이건 친구건 간에 분쟁과 갈등을 해결하는 가장 현명한 방법은 먼저 그 원인을 자기로부터 찾는 것이다. 화해는 그 뒤의 일이다. 맹목적인 화해는 오히려 긴 여운과 불만만을 준다. 그러나 분쟁의 원인이 자기로부터 돌출되었던 것임을 인정한 화해는 진정한 평화를 가져온다. 자신을 성장시키는 화해의 기술이 생기는 것은 물론이다.

그와 같은 마무리가 때론 자신을 불리한 상황에 처하게 할지라도 적어도 몇 가지 의미는 얻을 수 있다. 우선 주변 사람들로부터 긍정적인 평가를 받게 될 것이고 그로 인해 자신감이 생기게 된다. 법을 어기지 않으면서도 진정한 승리와 만족을 얻을 수 있다는 자긍심도 가질 수 있다.

화해는 왜 필요한가?

이미 발생한 분쟁이나 갈등은 자신에겐 사소해도 상대방에게는 큰 고민이 될 수 있다. 물론 그 반대일 수도 있다. 이렇게 생각의 차이가 크면 또 다시 분쟁과 갈등이 야기되기 쉽다. 이렇게 생긴 분쟁의 화염은 쉽사리 끄기 어렵기 때문에 첫 번째 분쟁을 잘 매듭져야 한다. 그렇기 때문에 '제대로' 하는 화해가 필요한 것이다.

화해를 위한 방법

가장 먼저 진정한 화해 분위기의 기초를 다져야 한다. 분쟁의 원인과 발단이 자신에게 있다는 자세부터 시작하여, 상대방을 이해하려고 노력해야 하고, 이를 위해 자신의 입부터 다물고 감정을 절제하도록 노력한다. 자신이 발산한 부정적인 요인을 먼저 떠올려보고, 상대방과 나 자신의 입장이 다르다는 점을 인정하고 긍정적인 감정으로 상대방의 의견을 청취한다. 그리고 대립의 상태를 종식시킨다는 동기 외에 다른 어떤 이유에서도 서로에게 해가 되거나 고통을 주지 않겠다는 믿음을 상대방에게 전달한다. 그것을 위해 수용의 자세, 관대함, 겸손 등 뭐든 보여주자. 간이고 쓸개고 모두 다 빼주는 것 같지만 그렇지 않다. 오히려 일을 아름답게 마무리함으로 인해 주어지는 선물들이 더 많다. 바로 감사와 인내, 지혜, 자존감, 자유다.

　참고로, 접촉은 효과적이고 가장 쉬운 화해방법이다. 접촉은 화평하고자 하는 마음을 전달하는 가장 좋은 방법이다. 싸움이 잦은 부부들에게 발 마사지와 손 마사지, 그리고 일상에서 손을 자주 잡고, 자주 접촉하라는 과제를 주는 실험을 하였더니 쉽게 화해에 도달하고 싸움수가 줄어들고 사랑을 극복하는 결과를 가져 왔다고 한다. 어깨를 툭 쳐보는 것부터 악수, 포옹에 이르기까지 어떤 방법이든 관계없다. 접촉은 때론 백 마디 말보다 더 진한 느낌과 감동을 주기 때문이다.

여학생과 채팅을 하면서 성적 수치심이나 혐오감을 일으키는 음란사진이나 동영상을 발송하면 정보통신망 이용 촉진 및 정보 보호 등에 관한 법률과 성폭력범죄의 처벌 등에 관한 특례법으로 처벌이 돼요. 전화, 우편을 이용해도 마찬가지이며, 동일한 목적으로 부호, 글, 음향을 배포해도 마찬가지예요.

좌절하지 마라

인생은 아주 짧다.
좌절하면서 지체할 틈이 없다.

실수로 죄를 한 번 지었다고 해서 인생을 종친 것처럼 굴어서는 안 된다. 그 정도로 소중한 자신을 내버려서는 안 된다는 말이다. 실수와 그로 인한 어려움이 모든 것을 가로 막고 자신을 괴롭히는 것 같지만 사실은 실수와 어려움보다는 스스로의 좌절이 더 자신을 괴롭힌다.

"한 번 범죄를 저지른 사람들이 재범을 저지르기 쉽다"라는 말이 있는데 이를 명제로 본다면 그것은 거짓에 속한다. 통계와 사회적인 편견이 마치 그 명제를 진실처럼 이끌고 있는 것이다. 그 때문에 초범들이 좌절감에 빠져 살다가 자연스럽게 두 번째 범죄를 저지르고 있다. 하지만 이것은 바로 그 사람의 좌절하지 않는 의지에 달려 있다. 한 번의 실수로 감옥에 있더라도, 다음에 펼쳐질 제2의 인생은 그 사람의 굳건한 의지에 달려 있는 것이다. 의지가 강하면 제아무리 전과자였더라도 준법강사가 될 수 있지만, 의지가 약하면 두 번 다시 세상 밖으로 못 나오는 무기수가 될 수 있다.

영어에 취미를 붙여 14살 때의 절망을 희망으로 반전시킨 심현주 양의 이야기를 아는가? 열정과 노력의 결실로 ETS 장학생, 유엔 청소년 대표, 풀브라이트 장학생에 선정되었으며 대한민국 인재상을 수상하는 성과를 거둔 인재지만, 그녀 역시 누구보다도 어렵고 힘든 좌절의 시간을 보냈다. 식구들이 단칸방에서 겹겹이 몸을 붙여 자야 할 정도로 열악한 환경, 빚쟁이들의 성화, 아버지의 부재, 심해지는 학교 친구들의 따돌림과 자퇴까지……. 그녀는 이토록 어둡고 긴 터널로 들어가야 했지만 기초부터 시작한 '영어'에 취미를 붙여 누구보다 강한 의지와 노력으로 아주 빨리 그 터널을 통과해냈다. 그녀는 14살이 꿈꾸기 가장 좋은 나이이며 어떤 환경에 처해 있더라도 다시 꿈을 꿀 수 있다며 후배들에게 용기를 주고 있다.

이제 여러분은 스스로에 대한 상담사가 되어야 한다. 심현주 양이 스스로 의지와 용기를 불어넣어 성공한 것처럼 자기 자신의 상담사가 되어 스스로에게 의지와 용기를 불어넣자. 다른 사람에게만 의존해 오던 14살 이전의 나약한 삶은 잊어버려라. 물론 굳건하게 살려고 하는데도 또다시 좌절감이 찾아올 때가 있을 것이다. 그럴

때면 자신의 이름을 부르며 고민을 말하고 들어보자. 그런 뒤 역할을 바꾸어 상담사가 되어 그 답을 자신에게 말하라. 스스로가 자신에게 '직접' 하는 말 한 마디는 다른 누구의 백 마디 위로보다 효과가 있다. 그래서 좌절에 있어서만큼은 세상에서 가장 훌륭한 상담사가 바로 자기 자신인 것이다. 다시 한 번 강조하지만, 좌절하지 마라.

많은 사람들이 공공연하게 하고 있다고 해서 아이템이나 사이버머니 등의 매매를 합법적인 것으로 알고 있는 친구들이 많은데 사실은 이것도 불법이에요. 아이템 등의 거래 자체가 현행법상 불법인 것이 아니라 게임업체의 약관이 대부분 아이템 등의 현금거래를 금지하고 있으므로 그 약관에 위반이 되는 것이죠. 아이디 등록을 위해 회원가입을 하면 초기에 약관에 동의하라고 하죠? 그 약관을 자세히 읽어보면 아이템 거래에 대한 내용이 있어요. 직업적, 상습적으로 아이템, 사이버머니 등을 환전 또는 알선하거나 재매입을 업을 하는 경우는 '게임산업진흥에관한법률'에 따라 처벌되니까 조심해야 돼요.

14살답게 살아라

법에 의존하며 산다 생각하라.
그리고 법 없이 사는 사람처럼 행동하라.

14살답게 살라고 하니까 지레 짐작해서 "열심히 학교에 다녀야 한다, 코피 터지게 공부해라, 말썽 피우지 말고 부모님 말씀 잘 들어라"와 같은 말로 오해하지 않길 바란다. 그보다 여러분들에게 더 어울리는 단어는 바로 꿈, 도전 그리고 희망과 열정이니까. 14살답게 살라는 것은 그것들을 위해 더욱 매진하라는 말이다.

꿈에 도전하고 희망을 향해 열정을 쏟기에 이 나라는 그다지 좋은 환경이 아닐 수도 있다. 교육정책은 여러분들에게 언제나 열심히 공부하라고만 닦달하면서도 열렬하게 바라는 꿈과 그에 대한 도전에 대해서는 진지하게 생각해 볼 기회를 많이 주지 못하고 있으니 말이다. 그래서 대다수의 청소년은 즐거운 10대를 보내지 못한다. '그

149

냥' 열심히 학교 다니고, 열심히 집단 따돌림과 각종 폭력에 참여하며, 열심히 욕설을 내뱉는다. 자기 미래를 밝혀줄 것이라 믿고 겉으로는 대학 진학에 올인하지만, 열심히 우울증에 걸리고 열심히 자살하며, 때로는 패륜마저 저지른다.

기성세대는 "요즘 애들 무섭다, 성인보다 더 잔인하다, 박약하다, 우리 사회 미래가 암담하다"라고 말한다. 그러면서도 어느 순간 여러분에게 진로를 빨리 정해야 한다며 보채고 든다. 영어 단어와 수학 공식 외우기에 바빴던 여러분은 그 순간 '내게 꿈이 있나?'라는 물음을 스스로에게 던진 후 자책에 빠지게 된다. 살아가는 동안 가장 많은 것을 꿈꿔야할 시기에 꿈의 존재 여부에 대한 회의에 빠지는 것이다.

그러나 꿈과 희망은 무슨 일이 있더라도 고수해야 한다. 공부에만 매달리다가 한계에 부딪히거나, 진로선택의 기로에 놓이게 되면 여러분은 심한 스트레스를 받게 될 것이다. 공부에만 급급해 정신적으로 황폐해짐으로써 결과적으로 성적이 좋아지기는커녕 더 나빠지고, 일부는 비행에 눈을 돌리기도 한다. 스트레스와 심리적인 문제가 공부뿐 아니라 도덕심과 인성에도 악영향을 미치는 것이다. 대학에 들어가도 문제는 여전하다. 남부러울 것 없어 보이던 명문대 학생도 학업과 취업 스트레스로 비행에 빠지거나 자살을 하는 사례가 많이 있다. 그들이 극단적인 행동과 선택을 취할 수밖에 없었던 것은 그 시기에 맞는 꿈과 희망이 없었기 때문이다. 꿈과 희망은 있지만 불확실한 미래여서 불안하고 회의를 느낀다는 사람도 있다. 그것은 도전과 열정이 부족하기 때문이다.

여러분은 여러분이 어떤 꿈을 품든 그 꿈은 성적이 좋아야만 이룰 수 있다고 믿고 있다. 아니, 그렇게 교육받아왔다. 그 때문에 여러분은 간절히 바라는 꿈보다는 여러분의 점수에 맞는 꿈을 강요받으며 원치 않는 진로와 선택을 하게 된다. 이제 생각을 바꿔보자. 지금 그대로의 현실을 알아야 한다. **정작 세상에는 평범했지만 자신의 꿈을 열정적으로 품었던 사람, 그것을 위해 도전했던 사람들이 더 행복하고 더 부자로 살고 있다. 그들의 엉뚱한 생각, 습관, 목표가 인생을 변화시키고 세상을 바꾸고 있다. 꿈은 머리로 품는 것이 아니라 가슴으로 품는 것이기 때문이다.**

14살은 그 꿈을 가슴으로 품기에 아직 늦지 않은 나이다. 사람들은 인생을 마라톤으로 비유하곤 한다. 42.195km의 길다면 길고 짧다면 짧은 우리 인생이 마라톤과 같다면 14살의 시기는 어느 지점에 비유할 수 있을까. 사람의 평균 수명을 대략 80세로 보고 42.195km를 사람의 평균 수명과 대치해보면, 14살은 대략 출발선으로부터 6~8km의 지점에 위치한 것으로 볼 수 있다. 마라톤 경기를 봐서 알겠지만 이 지점은 마라톤의 우승이나 완주여부를 가늠하는 지점이 아니다. 적어도 절반 이상은 달려봐야 알 수가 있다. 마라톤을 완주하거나 우승을 하려면 건강한 심장과 강인한 체력이 필요하지만 경기규칙도 매우 중요하다. 다른 경주자를 방해하거나 코스를 이탈하는 등의 행위는 중간에 실격사유가 되어 우승은 고사하고 완주도 할 수 없게 된다.

14살의 여러분이 반드시 익혀야 하는 것은 '모범생이 되는 법, 천재가 되는 법, 아침형 인간이 되는 법, 영어박사가 되는 법' 보다는 '준법인이 되는 법' 이다. 머지않아 이 시대의 가장 강력한 스펙은 명문대학, 영어실력, 프레젠테이션 실력이 아니라 준법정신이 될 수 있다. 다른 스펙은 고등학교, 대학교 때부터 갖추어도 늦지 않지만 준법정신은 14살 이전에 갖춰놓지 않으면 경쟁자들을 따라잡기가 쉽지 않다. 이미 늦어버리는 경우가 대부분이다.

14살답게 꿈을 품고, 14살답게 열정을 가지며, 14살답게 규율에 맞춰 사는 것, 그것이 바로 14살 여러분의 평생을 좌우하게 될 학과목이요 학습태도며 훌륭한 성적이라는 점을 명심하자.

생활법률 TIPS

자신이 제작한 것이 아니더라도 컴퓨터 바이러스를 유포하면 정보통신망과 관련한 법률을 위배한 것이 돼요. 정당한 사유 없이 정보통신시스템, 데이터 또는 프로그램 등을 훼손하거나 그 운용을 방해할 수 있는 악성 프로그램을 유포하는 행위는 매우 엄하게 처벌되고 있지요.

〈경범죄처벌법〉 요약

위법한 행위 중에서도 형벌을 규정하고 있는 행위를 '범죄행위'라 한다. 지금까지 살펴본 형법은 그 범죄행위 중에서도 대표적이고도 중요한 것을 수록하고 있다. 불법의 정도가 비교적 가볍고, 형량도 낮은 범죄행위들은 '경범죄처벌법'이라는 것에 수록되어 있다. 경범죄처벌법은 10만 원 이하의 벌금, 구류 또는 과료의 형벌로 처벌되는 행위를 50가지에 걸쳐 규정하고 있지만, 여기서는 범칙금을 부과하는 21개의 범칙행위만 소개하겠다. 범칙금이란 질서위반 등 가벼운 위법행위에 대하여 경찰이 직접 부과하는 행정질서벌을 말한다.

형법과 같은 대표적이고 중요한 규정을 반드시 준수해야 하지만 그 원동력은 경범죄와 같은 기초질서부터 준수하려는 자세에서 나온다 해도 과언이 아니니, 가벼운 범죄에 대한 규정이라 해서 사소하게 보지 말고 항상 유념해야 한다.

오물방치 | 죽은 짐승·쓰레기, 담배꽁초·껌·휴지, 그 밖의 더러운 물건이나 못쓰게 된 물건을 함부로 아무 곳에나 버림.

노상방뇨 등 | 길이나 공원 그 밖의 여러 사람이 모이거나 다니는 곳에서 대·소변을 보거나 또는 그렇게 하도록 시키거나, 개 등 짐승을 끌고 와 대변을 보게 하고 이를 수거하지 않음. 길이나 공원 그 밖의 여러 사람이 모이거나 다니는 곳에서 함부로 침을 뱉음.

자연훼손 | 공원·명승지·유원지 등에서 함부로 풀·꽃·나무·돌 등을 꺾거나 캐기 또는 바위·나무 등에 글씨를 새기거나 하여 자연을 해침.

수로유통방해 | 개천이나 도랑 그 밖의 물길의 흐름에 방해되는 행위.

불안감 조성 | 정당한 사유 없이 길을 막거나 시비를 걸거나 주위에 모여들거나 뒤따르거나 또는 몹시 거칠게 겁을 주는 말 또는 행동으로 다른 사람을 불안하게 하거나 귀찮고 불쾌하게 함. 또는 여러 사람이 이용하거나 다니는 도로·공원 등 공공장소에서 고의로 혐악한 문신을 노출시켜 타인에게 혐오감을 줌.

음주소란 등 | 공회당·극장·음식점 등 여러 사람이 모이거나 다니는 곳 또는 여러 사람이 타는 기차·자동차·배 등에서 몹시 거친 말 또는 행동으로 주위를 시끄럽게 하거나 술에 취하여 이유 없이 다른 사람에게 주정을 함.

인근소란 등 | 악기·라디오·텔레비전·전축·종·확성기·전동기 등의 소리를 지나치게 크게 내거나 큰소리로 떠들거나 노래를 불러 이웃을 시끄럽게 함.

물건던지기 등 위험행위 | 다른 사람의 신체나 다른 사람 또는 단체의 물건에 해를 끼칠 우려가 있는 곳에 상당한 주의를 하지 않고 물건을 던지

거나 붓거나 쏘는 행위.

공작물 등 관리소홀 | 무너지거나 넘어지거나 떨어질 우려가 있는 공작물 그 밖의 물건에 대하여 관계공무원으로부터 고칠 것을 요구받고도 필요한 조치를 게을리 하여 여러 사람에게 위험을 미칠 우려가 있게 함.

굴뚝 등 관리소홀 | 관계공무원으로부터 고칠 것을 문서로 요구받고도 사람의 통행에 불편을 주는 굴뚝·물받이·하수도·냉난방장치·환풍장치 등을 고치는 등 필요한 조치를 하지 아니함.

위해동물 관리소홀 | 사람이나 가축에 해를 끼치는 버릇이 있는 개나 그 밖의 동물을 함부로 풀어 놓거나 제대로 살피지 아니하여 나돌아 다니게 함.

무단소등 | 여러 사람이 다니거나 모이는 곳에 켜놓은 등불이나 다른 사람 또는 단체가 표시가 되게 하기 위해 켜놓은 등불을 함부로 끔.

공중통로안전 관리소홀 | 여러 사람이 다니는 곳에서의 위험한 사고의 발생을 막을 의무가 있는 사람이 등불을 켜놓지 아니하거나 그 밖의 예방조치를 게을리 함.

공무원 원조불응 | 눈·비·바람·해일·지진 등으로 인한 재해 또는 화재·교통사고·범죄 그 밖의 급작스러운 사고가 발생한 때에 그 곳에 있으면서도 정당한 이유 없이 관계공무원 또는 이를 돕는 사람의 현장출입에 관한 지시에 따르지 않거나 공무원이 도움을 청하여도 이에 응하지 않음.

전당품 장부 허위기재 | 물건을 전당잡히는 데 있어서 영업자의 장부에

성명·주민등록번호·주소·직업 등을 거짓으로 알려 써넣게 함.

미신요법 | 근거 없이 신기하고 용한 약방문인 것처럼 내세우거나 그 밖의 미신의 방법으로 병을 진찰·치료·예방한다고 하여 사람들의 마음을 홀리게 함.

야간통행제한 위반 | 전시·사변, 천재·지변 또는 그 밖의 사회에 위험이 생길 우려가 있을 경우에 경찰청장 또는 해양경찰청장이 정하는 야간통행제한을 위반함.

새치기 | 흥행장·경기장·역·나루터 또는 정류장 그 밖의 여러 사람이 모이는 곳에서 승차·승선 또는 입장하거나 표를 사기 위해 사람들이 줄을 서고 있을 때에 새치기 하거나 떠밀거나 하여 그 줄의 질서를 어지럽힘.

무단출입 | 출입이 금지된 구역이나 시설 또는 장소에 정당한 이유 없이 들어감.

뱀 등 진열행위 | 여러 사람이 모이거나 다니는 곳에서 뱀이나 끔찍한 벌레 등을 팔거나 또는 팔기 위해 늘어놓고 다른 사람에게 불쾌감을 줌.

금연 장소에서 흡연 | 담배를 피우지 못하도록 표시된 지하철 역 구내, 버스·기차·전동차·항공기·선박 등 대중교통수단, 병원 등 의료시설, 석유·가스·화약류 등 위험물 저장·판매시설 또는 승강기에서 담배를 피움.

14살을 위한
형법 요약

형법총칙

형법 조항 전체에 공통된 법칙

법을 두려워하지 않는 사람은 틀림없이 법 때문에 망한다.
– 바이런 –

형법은 공통된 법칙이라 할 수 있는 '총칙'과 각 범죄행위에 대한 규정인 '각칙'으로 구성되어 있다. 총칙을 이해하면 각 행위에 대한 규정에서 형을 감경하거나 가중하는 원칙과 이유를 알 수 있고, 위법한 행위에 대한 범위를 어느 정도 가늠할 수 있게 된다. 수학으로 따지면 총칙은 더하기, 빼기, 곱하기, 나누기와 같은 기본연산을 말하고, 각칙은 방정식, 함수 등과 같은 영역인 것이다. 기본연산을 모르면 방정식을 풀 수 없듯이 형법도 총칙을 이해해두면 각 행위마다 적용되는 각칙에 대한 접근이 쉬워질 것이다.

형법의 적용범위

범죄가 성립되는지 성립이 안 되는지 그리고 그 범죄에 따른 처벌을
어떻게 내릴 것인지는 범행 당시에 시행되고 있는 법률에 따른다. 만
약, 범죄 후 그 행위가 범죄를 구성하지 않거나 옛날 법보다 가벼워지
는 것으로 법이 바뀐다면 새로운 법을 따르게 된다. 재판이 확정되었
더라도 그 행위가 범죄를 구성하지 않는 것으로 법률이 변경되면 형
의 집행은 면제된다.

죄의 성립과 형의 감면

형법 조항에는 만 14살이 되지 않은 자의 행위는 처벌하지 않는다고
되어 있는데, 반대로 말하면 만 14살이 되면서부터는 무조건 형법에
따라 처벌한다는 의미가 된다. 그러나 그 행위가 폭력과 협박에 의해
강요된 행위라면 처벌하지 않는다. 죄가 된다는 사실을 인식하지 못
한 상태에서 행한 것도 벌하지 않는다. 그러나 위험의 발생을 방지할
의무가 있거나, 위험 발생의 원인을 일으키고도 그것을 방지하지 않
으면 발생된 결과로 인해 처벌을 받게 된다.

　법령에 의한 행위 또는 업무로 인한 행위, 사회상규에 위배되지 않
은 행위는 정당행위라 해서 벌하지 않는다. 부당한 침해로부터 자신
을 보호하기 위한 행위도 마찬가지다. 이를 정당방위라고 한다. 갑자
기 달려드는 꿀벌에 놀라 순간적으로 벌을 쳐서 죽이는 경우와 비슷
하다.

정당방위인 경우에는 상대를 죽이거나 다치게 하여도 살인죄나 상해죄가 성립하지 않지만, 이러한 정당방위가 성립되려면 세 가지의 요건이 필요하다. 첫 번째는 급박하면서도 부당한 침해가 현재 발생해야 하고, 두 번째는 자신 또는 타인의 권리를 지키기 위한 것이어야 하며, 세 번째로 부득이한 것이어야 한다. 형법은 이러한 행위에 정당한 이유가 있을 때에는 벌하지 않는다. 위급한 어려움을 피하기 위한 행위가 범죄로 되었을 경우에는 벌하지 않는 것이다. 피해자의 승낙에 따른 행위도 특별한 규정이 없는 한 벌하지 않는다. 그러나 아무리 정당방위라 해도 방위 행위가 알맞은 정도를 넘어선 때에는 처벌을 받는다. 이를 과잉방위라고 한다. 정당방위는 사회통념에 비추어 적정하다고 인정되어야 하므로, 작은 권리를 방위하기 위하여 지나치게 큰 반격을 가하였을 경우에는 정당방위라고 인정되지 않는다.

미수범

범죄의 실행에 착수하였지만 행위를 끝내지 못하였거나 결과가 발생하지 않았을 때 "범행이 미수에 그쳤다"라고 표현한다. 미수범에 대한 처벌은 행위를 끝내거나 결과가 발생한 경우보다 감경할 수 있다.

범인이 자신의 의지로 실행에 착수한 행위를 중지하거나 그 행위로 인한 결과의 발생을 방지하는 것을 '중지범'이라 한다. 이 경우도 처벌을 감경 또는 면제받을 수 있다.

범행의 수단 또는 대상을 잘못 선택하여 결과의 발생이 불가능한 경우는 '불능범'이라 부른다. 수단이나 대상이 잘못되었으므로 의도하던 행위 자체가 불가능해지는 것을 말한다. 행위가 불능이라 하더라도 위험성이 있는 때에는 처벌하도록 되어 있다. 단, 형을 감경 또는 면제할 수는 있다.

공범

2명 이상이 공동으로 죄를 범했을 때는 각자를 그 죄의 주된 범인으로 처벌한다. 남을 부추겨 못된 짓을 하도록 만든 사람도 죄를 실행에 옮긴 자와 동일하게 처벌하며, 범죄의 실행을 승낙하였지만 실행의 착수에 이르지 않았을 때도 범행을 부추긴 자와 음모 또는 예비하였다는 잘못이 있기 때문에 처벌한다. 타인의 범죄를 방조한 사람도 죄를 보고도 놔둔 잘못이 있으므로 처벌 대상이 된다.

누범

금고 이상의 형을 선고 받아 그 죗값을 치렀거나 면제를 받았지만, 그로부터 3년 내에 또 다시 금고 이상에 해당하는 죄를 범한 사람은 거듭 죄를 지은 사람으로 처벌한다. 범행이 쌓였다는 뜻으로 '누범'이라 부르는데 누범의 형은 그 죄에 정해진 최고 형량의 2배까지 엄하게 처벌할 수 있다.

경합범

하나의 행위가 결과적으로 여러 개의 죄에 해당하는 경우가 있다. 예를 들어 원한이 있던 A를 죽이려고 총을 쏘았는데 총알이 A를 뚫고나가 지나가던 B까지 맞춰 숨지게 했다면 A에 대한 '살인죄'와 B에 대한 '과실치사죄'가 동시에 성립하게 된다. 이처럼 여러 범죄가 경합이 되는 경우인데 이때는 가장 무거운 죄에 정해진 형대로 처벌한다.

양형의 조건

'양형'이라는 것은 형벌을 어느 정도로 내릴 것인지에 대해 범인의 연령, 성행, 지능과 환경, 피해자에 대한 관계, 범행의 동기, 수단과 결과, 범행 후의 정황을 참작해 법원이 결정하는 것을 말한다.

죄를 범한 후 자수하면 그 형을 감경 또는 면제할 수 있으며, 정상을 참작할 만한 사유가 있는 때에도 그것을 감안하여 형을 감경할 수 있다.

형의 선고유예

1년 이하의 징역이나 금고, 자격정지 또는 벌금의 형을 선고할 경우, 잘못을 뉘우치는 태도 등이 분명하다면 그 선고를 유예할 수 있다. 단, 자격정지 이상의 형을 받은 전과가 이미 있는 자라면 제외된다. 형의 선고를 유예하는 경우에 재범방지를 위해 지도관찰이 필요한 때에는 보호관찰명령을 받기도 한다. 보호관찰의 기간은 1년이다.

형의 선고유예기간 중 또다시 죄를 저질러 자격정지 이상의 형에 처한 판결을 받거나 자격정지 이상의 형에 처한 전과가 발견될 때는 유예했던 형을 선고한다. 보호관찰기간 중에 준수사항을 위반하고 그 위반 정도가 무거운 때에도 유예한 형을 선고할 수 있다. 그렇게 되면 선고된 대로 처벌을 받아야 한다.

형의 집행유예

3년 이하의 징역 또는 금고의 형을 선고할 경우에 그 정상에 참작할 만한 사유가 있을 때는 1년 이상 5년 이하의 기간 동안 형의 집행을 유예할 수 있다. 다만, 금고 이상의 형을 선고한 판결이 확정된 때부터 그 집행을 종료하거나 면제된 후 3년까지의 기간에 범한 죄에 대하여 형을 선고하는 경우에는 그렇지 않다.

형의 집행을 유예하는 경우 보호관찰 받을 것을 명하거나 사회봉사 또는 수강을 명할 수 있는데, 준수사항이나 명령을 위반하고 그 정도가 무거운 때에는 집행유예의 선고를 취소할 수 있다. 집행유예의 선고를 받은 자가 유예기간 중 고의로 또 죄를 범하여 금고 이상의 실형을 선고받으면 집행유예는 효력을 잃는다. 본래 받았던 선고내용대로 처벌을 받는 것이다.

가석방

징역 또는 금고의 처벌을 받는 도중에 행동과 태도가 양호하며 반성하고 마음을 고쳐먹을 것이 분명해 보이는 때는 임시로 석방이 될 수도 있다. 이를 '가석방' 이라고 한다. 가석방의 기간은 무기징역을 받고 있는 사람에게 있어서는 10년으로 하고, 유기징역을 받고 있는 사람에게 있어서는 남은 형기로 하되, 그 기간은 10년을 초과할 수 없다. 가석방된 사람은 가석방기간 중 보호관찰을 받게 된다. 다만, 가석방을 허가한 행정관청이 필요가 없다고 인정한 때에는 보호관찰을 안 받을 수도 있다.

형법각칙 Ⅰ

국가의 법익을 침해하는 범죄

어려서부터 범죄를 배우면 그것은 성품의 일부가 된다.
– 오비디우스 –

지금까지 형법은 죄가 되는 행위와 그에 대한 처벌규정으로 구성되어 있다는 것을 보여주었다. 이제부터는 그 각각의 법칙에 대해 살펴보도록 하자. 형법의 각칙은 크게 국가의 법익(침해가 금지되는 개인이나 공동체의 이익 또는 가치. 보호객체라고 하기도 한다)을 침해하는 범죄, 사회의 법익을 침해하는 범죄, 개인의 법익을 침해하는 범죄로 구분할 수 있는데 그 중 복잡하고 난해한 것은 여러분이 이 형법 요약문을 정독하는 것에 방해될 것 같아 제외한다. 다시 강조하지만 형법으로 처벌하는 행위를 기억해두는 것은 그 비행을 억제하는 효과가 크니까 반드시 한 번 이상 정독하길 바란다.

내란과 외환유치의 죄

국토를 참혹하게 하거나 나라의 근본 법규를 문란하게 할 목적으로
폭동한 사람은 처벌을 받는다. 다른 나라와 모의하여 대한민국에 대
하여 전쟁의 실마리를 제공하거나 외국인과 모의하여 대한민국에 맞
서려는 사람도 마찬가지다. 우리나라에서는 실질적으로 발생이 드물
지만 다른 나라에서는 정치적 목적에 의해 자주 발생하고 있다. 내란
으로 인해 폭동과 전쟁이 일어나기도 한다.

여적과 간첩의 죄

적국과 합세하여 대한민국에 맞서는 죄를 여적죄라 한다. 이런 범죄
자는 사형에 처한다. 적국을 위해 간첩하거나 적국의 간첩을 방조한
사람도 처벌한다. 군사상의 기밀을 적국에 누설한 사람도 같다.

국교에 관한 죄

대한민국에 머무는 외국의 원수, 외국사절에 대하여 폭행 또는 협박,
모욕, 명예훼손을 한 사람은 처벌을 받는다. 외교상의 기밀을 누설하
거나 누설할 목적으로 외교상의 기밀을 탐지 또는 수집한 사람도 처
벌한다.

공안을 해하는 죄

범죄를 목적으로 하는 단체를 조직하거나 이에 가입한 사람은 처벌받

는다. 조직을 이루어 폭행, 협박 또는 손괴의 행위를 한 사람도 처벌한다. 폭행, 협박 또는 손괴의 행위를 할 목적으로 여러 군중이 모여 그를 단속할 권한이 있는 공무원으로부터 3회 이상의 해산명령을 받고도 해산하지 않으면 처벌할 수 있다. 공무원의 자격을 사칭하여 그 직무와 권한을 행사한 사람도 공안을 해하는 죄로 여겨 처벌한다.

공무원의 직무에 관한 죄

공무원이 정당한 이유 없이 그 직무수행을 거부하거나 그 직무를 방치한 때에는 처벌한다. 공무원이 직무와 관련한 권리를 남용해서 사람으로 하여금 의무 없는 일을 하게 하거나 사람의 권리행사를 방해한 때에도 처벌한다.

공무방해에 관한 죄

직무를 수행하는 공무원을 폭행 또는 협박한 자, 직무상의 행위를 강요하거나 그 직을 사퇴하게 할 목적으로 폭행 또는 협박한 사람은 처벌한다. 위험한 계획이나 꾀로 공무원의 직무집행을 방해한 사람도 처벌의 대상이다.

10대들의 허위신고로 인해 엄청난 수사력이 낭비가 되자 더 이상 어리다는 이유로 봐주지 않고 구속하여 재판을 받도록 하는 경우가 늘고 있다. 단체 또는 다중의 위력을 보이거나 위험한 물건을 휴대하여 위 죄를 범했을 때는 처벌규정의 2분의 1까지 가중하여 처벌할 수 있다.

도주와 범인은닉의 죄

체포 또는 구금된 자가 도주한 때, 구금된 자가 천재, 사변 기타 법령에 의하여 잠시 풀어주었으나 정당한 이유 없이 그 집합명령에 위반한 때에는 처벌할 수 있다. 벌금 이상의 형에 해당하는 죄를 범한 자를 은닉 또는 도피하게 한 사람도 처벌의 대상이다.

위증과 증거인멸의 죄

법률에 의하여 선서한 증인이 허위로 증언을 하면 크게 처벌받는다. 사건의 당사자를 해할 목적으로 위증하면 더 엄하게 처벌할 수 있다. 타인의 형사사건에 관한 증거를 인멸, 은닉, 위조 또는 변조하거나 위조한 자, 증인을 은닉 또는 도피하게 한 사람도 처벌한다.

무고의 죄

타인으로 하여금 형사처분 또는 징계처분을 받게 할 목적으로 공무소 또는 공무원에 대하여 허위의 사실을 신고하면 처벌한다.

형법각칙 II
사회의 법익을 침해하는 범죄

거짓말쟁이가 받는 가장 큰 벌은 그 사람이 진실을 말했을 때에도
다른 사람들이 믿어주지 않는 것이다.
- 탈무드 -

사회적 법익을 침해하는 죄란 공공의 안전, 평안, 신용, 건강, 도덕에 대한 죄를 말한다.

폭발물에 관한 죄

폭발물을 사용하여 사람의 생명, 신체 또는 재산을 해하거나 기타 공공의 안녕과 질서를 문란하게 한 사람은 처벌한다.

신앙에 관한 죄

장례식, 제사, 예배 또는 설교를 방해한 사람은 처벌한다. 사체, 유골 또는 모발을 더럽히고 욕되게 하거나 묘지를 파낸 사람도 처벌한다.

방화와 실화의 죄

불을 놓아 물건을 태워 훼손함으로 공공의 위험을 발생하게 한 사람은 처벌한다. 그 물건이 자기 소유일 때도 마찬가지다. 훼손된 것이 공용 또는 공익에 사용되면 특히 엄하게 처벌한다. 방화와 실화로 인해 사람이 다치거나 사망에까지 이른 경우에도 마찬가지다.

교통방해의 죄

육로, 수로 또는 교량을 파괴 또는 불통하게 하거나 기타 방법으로 교통을 방해한 사람은 처벌한다. 과실로 인하여 교통방해죄를 범하여도 처벌한다.

음용수에 관한 죄

마시는 물에 오물을 섞어 마시지 못하게 한 사람은 처벌한다. 독극물이나 기타 건강을 해할 물건을 섞으면 더 엄하게 처벌한다.

아편에 관한 죄

아편이나 모르핀을 마시거나 주사한 사람은 물론, 그것을 소지한 사람도 처벌한다. 장소를 제공하여 이익을 취해도 처벌한다.

통화에 관한 죄

사용할 목적으로 대한민국의 화폐, 지폐 또는 은행권을 위조 또는 변조한 사람은 처벌한다. 국내에서 유통하는 외국의 화폐, 지폐 또는 은행권을 위조 또는 변조한 사람도 처벌한다.

문서에 관한 죄

사용할 목적으로 공무원 또는 공무소의 문서 또는 그림을 위조 또는 변조한 사람은 처벌한다. 권리 · 의무 또는 사실증명에 관한 다른 사람의 문서 또는 그림과 도안을 부정하게 사용한 사람도 처벌한다.

인장에 관한 죄

사용할 목적으로 공무원 또는 공무소의 도장, 서명, 기명 또는 기호를 위조 또는 부정하게 사용한 사람은 처벌한다. 다른 사람의 도장, 서명, 기명 또는 기호를 위조 또는 부정사용한 사람도 처벌한다.

성 풍속에 관한 죄

돈을 벌 목적으로 미성년 또는 여자를 이용하여 성관계를 맺게 한 사람은 처벌한다. 음란한 문서, 그림, 필름 기타 물건을 배포, 판매 또는 임대하거나 전시 또는 상영한 사람도 처벌한다.

도박에 관한 죄

재물을 가지고 도박한 사람은 처벌한다. 상습적인 사람은 더 엄하게 처벌하며, 돈을 벌 목적으로 도박장을 여는 사람도 처벌한다.

형법각칙 III

개인의 법익을 침해하는 범죄

법적으로는 타인의 권리를 침해했을 때 죄가 된다.
도의적으로는 침해할 생각을 가진 것만으로도 죄가 된다.
– 칸트 –

개인의 법익을 침해한다 함은 생명과 신체, 자유, 명예와 신용, 사생활의 평온, 재산에 대한 침해를 말한다.

살인의 죄

사람을 살해한 사람은 처벌받는다. 자기 또는 배우자의 가족을 살해한 사람은 더 엄하게 처벌한다. 분만 중 또는 분만 직후의 어린 아기를 살해한 때에도 처벌한다. 사람의 부탁 또는 승낙을 받아 그를 살해한 사람도 처벌한다. 사람을 교사 또는 방조하여 자살하게 한 사람도 마찬가지다.

상해와 폭행의 죄

사람의 신체에 상처를 내어 해를 입힌 사람은 처벌하되 자기 또는 배우자의 부모, 조부모에 대하여 상해를 입힌 사람은 더 엄하게 처벌한다. 사람의 신체에 대하여 폭행을 가한 사람은 처벌하되 자기 또는 배우자의 부모, 조부모에 대하여 폭행의 죄를 범한 때에는 더 엄하게 처벌한다. 단체 또는 여러 명의 위력을 보이거나 위험한 물건을 휴대하여 폭행죄를 범한 때에도 엄하게 처벌한다.

낙태의 죄

여자가 약물 등 기타 방법으로 낙태했을 때 처벌한다. 여자의 부탁 또는 승낙을 받아 낙태하게 한 사람도 처벌한다.

유기와 학대의 죄

나이가 들었거나 어리고, 질병 기타 사정으로 인하여 부양과 도움을 필요로 하는 자를 보호할 의무가 있는 자가 그들을 방치하면 처벌한다. 자기 또는 배우자의 부모, 조부모에 대하여 그 죄를 지으면 더 엄하게 처벌한다. 영아를 내다버린 사람도 처벌한다. 자기의 보호 또는 감독을 받는 16세 미만의 사람을 데려다 생명 또는 신체에 위험한 업무에 종사하도록 한 사람도 처벌한다.

체포와 감금의 죄

타인을 임의로 체포 또는 감금한 사람은 처벌한다. 자기 또는 배우자의 부모, 조부모에 대하여 그 죄를 범한 때에는 더 엄하게 처벌한다.

협박의 죄

사람을 협박한 사람은 처벌한다. 자기 또는 배우자의 부모, 조부모에 대하여 그 죄를 범한 때에는 더 엄하게 처벌한다. 단, 피해자가 원하지 않으면 처벌하지 않는다.

약취와 유인의 죄

폭행과 협박의 수단으로 미성년자를 자신의 지배 아래에 두거나 유인한 사람은 처벌한다. 추행, 간음 또는 돈을 벌 목적으로 사람을 약취 또는 유인한 경우는 더 엄하게 처벌한다. 결혼할 목적이라 하더라도 폭행과 협박을 수단으로 사람을 자신의 지배 아래에 두거나 유인하면 처벌하게 된다. 약취, 유인이나 매매된 자 또는 이송된 사람을 주고받거나 숨기는 사람도 처벌한다.

성폭행과 추행의 죄

폭행 또는 협박으로 여자를 성폭행한 사람은 처벌한다. 폭행 또는 협박으로 사람을 추행한 사람도 처벌한다. 저항이 불가능한 상태를 이용하여 간음 또는 추행을 한 사람도 처벌하고, 성폭행, 강제추행 같은

범죄는 미수에 그치더라도 처벌한다. 결혼할 의사가 없으면서도 결
혼을 빙자하거나, 기타 거짓 계획으로 여자를 속여 간음한 경우에도
처벌한다.

명예에 관한 죄

허위의 사실은 물론 사실이라 하더라도 이를 퍼트려 사람의 명예를
훼손한 사람은 처벌한다. 죽은 사람일지라도 허위의 사실로 그의 명
예를 훼손하면 처벌하게 된다. 사람을 비방할 목적으로 신문, 잡지 또
는 라디오 기타 출판물에 의하여 명예훼손을 한 사람도 처벌한다. 단,
진실한 사실로서 오로지 공공의 이익에 관한 유포인 때에는 처벌하지
않는다.

신용, 업무와 경매에 관한 죄

허위의 사실을 퍼트리거나 기타 거짓 계책 등으로 사람의 신용을 훼
손한 사람은 처벌한다. 그러한 방법으로 사람의 업무를 방해한 사람
도 처벌한다. 컴퓨터와 같은 정보처리장치 또는 전자기록과 같은 특
수매체기록을 파괴하거나 정보처리장치에 허위의 정보 또는 부정한
명령을 입력하거나 기타 방법으로 정보처리에 장애를 발생하게 하여
사람의 업무를 방해한 사람도 처벌한다.

비밀침해의 죄

잠가둔 상자나 비밀장치한 사람의 편지, 문서 또는 그림과 도안을 몰래 열어본 사람은 처벌한다. 기술적인 수단을 이용하여 그 내용을 알아낸 사람도 처벌한다.

주거침입의 죄

사람이 살면서 거주·관리하는 건물, 선박이나 항공기에 침입한 사람은 처벌한다. 그 장소에서 물러나갈 것을 요구를 받고도 응하지 않은 사람도 똑같이 처벌한다.

권리행사를 방해하는 죄

다른 사람이 가지고 있는 물건이나 전자기록 등을 가져오거나 숨기거나 파괴하여 다른 사람이 그 권리를 행사하는데 방해가 되도록 하면 처벌한다. 폭행 또는 협박으로 권리행사를 방해하거나 아무런 의무가 없는 일을 하도록 만든 사람도 강요죄로 처벌한다.

절도죄

다른 사람의 재물을 훔치면 처벌한다. 야간에 주택이나 건물, 선박에 침입하여 재물을 훔치면 엄하게 처벌하며, 야간에 출입문 또는 벽, 건물의 일부를 부수고 침입하여 훔치는 사람은 더욱 엄하게 처벌한다. 흉기를 휴대하거나 2인 이상이 합동하여 절도죄를 범한 사람도 마찬가지다. 동의 없이 다른 사람의 자동차, 선박, 항공기 또는 오토바이를 잠시라도 사용하게 될 경우에도 처벌한다.

강도죄

폭행 또는 협박으로 다른 사람의 재물을 빼앗거나 재산상의 이익을 얻은 사람은 처벌한다. 야간에 주택이나 건물에 침입하여 강도질을 한 사람은 더 엄하게 처벌한다. 흉기를 휴대하거나 2인 이상이 합동하여 강도질을 한 사람도 마찬가지다. 강도가 사람을 다치게 하면 일반 강도보다 엄하게 처벌하고, 사람을 살해한 경우는 그보다 더 엄하게 처벌한다. 강도할 목적으로 예비 또는 음모한 사람도 처벌한다.

사기죄

사람을 속여 재물을 얻거나 재산상의 이익을 얻은 사람은 처벌한다. 컴퓨터 같은 정보처리장치에 허위의 정보 또는 부정한 명령을 입력하거나 권한 없이 정보를 입력·변경하여 재산상의 이익을 얻거나 제3자로 하여금 이익을 얻게 한 사람도 처벌한다. 부정한 방법으로 대가를 지급하지 않고 자동판매기, 공중전화 기타 유료자동설비를 이용하여 재물 또는 재산상의 이익을 얻은 사람도 처벌한다. 사람의 어려운 상황을 이용하여 부당한 이익을 취한 사람은 처벌한다. 같은 방법으로 제삼자로 하여금 부당한 이익을 취하게 한 때에도 같다.

공갈죄

사람을 공갈하여 재물의 교부를 받거나 재산상의 이익을 얻은 사람은 처벌한다. 같은 방법으로 제삼자로 하여금 재물의 교부를 받게 하거나 재산상의 이익을 취하게 한 때에도 같다.

횡령과 배임의 죄

다른 사람의 재물을 보관하는 사람이 그 재물을 자기 마음대로 처분하고 사용해버리거나, 그 반환을 거부한 때는 처벌한다. 분실물 또는 다른 사람의 점유를 벗어난 재물을 가지거나 처분한 사람도 처벌한다.

장물에 관한 죄

훔친 물건을 얻거나, 다른 사람에게 넘기거나, 운반 또는 보관한 사람은 처벌한다. 그 행위를 소개하는 사람도 같다.

손괴의 죄

다른 사람의 재물, 문서 또는 전자기록 등 특수매체기록을 파괴 또는 숨기기, 기타 방법으로 쓸모를 없앤 사람은 처벌한다. 공공의 이익에 사용되고 있는 건물을 파괴해도 처벌한다.

도움이 되는 기관과 그 홈페이지

청소년 범죄의 가장 큰 원인 중 하나는 청소년이 자신의 고민과 갈등을 누구에게도 잘 꺼내놓지 않다가 비행이나 범죄로 폭발시키는 것에 있다. 그 나이에는 가까이에 가족이나 친구, 학교가 있어도 대화를 잘 하지 않게 된다. 이때는 청소년 상담과 복지 관련기관에 손을 내밀어 볼 것을 권한다. 자신을 잘 모를 수밖에 없는 그곳이 오히려 더 편한 대화·상담의 창구가 될 수 있다. 실제로 그곳은 청소년의 자립과 복지를 위해 많은 노력을 하고 있다.

- 한국청소년상담복지개발원(http://www.kyci.or.kr): 전국의 청소년상담·복지 관련기관을 총괄하는 기관으로서 청소년상담·복지정책 연구 및 프로그램 개발·보급, 상담·복지 전문인력 양성을 위한 교육연수, 위기 청소년을 위한 통합지원체계 운영·지원, 취약계층 청소년을 위한 자립 및 복지 사업 등 국가차원의 청소년 정책 업무를 수행하고 있다.

- 청소년종합지원센터(http://www.1388.or.kr): 전국 어디에서건 국번 없이 1388을 누르면 전화로 청소년들이 겪고 있는 심리적, 인권적 어려움에 대해 도움을 받을 수 있다. 상담지원뿐 아니라, 복지, 자립지원도 해준다. 가족·대인관계·진로·학업 등 다양한 영역에 대한 상담서비스도 이용할 수 있다. 전문상담원이 24시간 대기하고 있다.

- 경찰청 사이버테러대응센터(http://www.ctrc.go.kr): 사이버 범죄에 대한 경찰청의 최첨단 대응체제이다. 사이버 범죄를 신고할 수 있고 구제방법 등을 소개한다.

- 성범죄자 알림 서비스(http://www.sexoffender.go.kr): 성범죄로 공개명령이 선고된 범죄자의 신상정보를 제공받음으로서 본인과 가족의 성범죄를 예방할 수 있다.

- 한국자살예방협회 사이버 상담실(http://www.suicideprevention.or.kr): 온라인 상담을 통해 자살위험에 처한 이들을 위기로부터 돕기 위한 기관이다. 정신과전문의, 임상심리전문가, 정신보건사회복지사, 정신보건전문간호사, 상담전문가 등 정신보건 분야에서 임상경험과 지식을 갖춘 전문가들로 구성된 상담진에 의해 온라인 상담서비스를 받을 수 있다. 자살과 관련하여 즉시 위기상담이 필요하면 전화상담(1577-0199)도 가능하다.

- 사이버법교육센터(http://www.lawedu.go.kr): 법무부가 만들고 법관련 분야를 전공하지 않은 사람도 법을 쉽게 배울 수 있는 국내 최초의 법교육 사이트이다. 법률문제에 대한 해결방법을 애니메이션, 동영

상, 만화를 통해 쉽게 제시하고, 생활법률 지식을 체계적으로 정리해 준다. 초중고교생뿐만 아니라 일반시민과 외국인노동자 등 온 국민이 함께 할 수 있도록 다양한 법교육 학습콘텐츠도 제공한다.

■ 찾기 쉬운 생활법령정보 서비스(http://oneclick.law.go.kr): 국민이 실생활에 필요한 법령을 쉽게 찾아보고 이해할 수 있도록 정부 각 기관의 업무를 중심으로 복잡하게 얽힌 법령간의 관계를 국민의 생활 중심으로 재분류하고, 전문가의 시각에서 쓰인 어려운 법령의 내용을 국민의 눈높이에서 쉽게 해설하여 제공하는 시스템이다.

■ 범죄예방정책국(http://www.moj.go.kr/HP/TSPB): 보호관찰, 사회봉사명령, 수강명령 등 법 집행을 하고 사회보호, 범법자의 재활을 도모하는 치료감호소를 총괄하는 기관이다. 홈페이지에서는 보호관찰, 소년보호, 치료감호 등에 대한 업무를 소개하고 그와 관련한 각종의 정보도 공개한다. 자원봉사 신청도 가능하다.

■ 솔로몬 로파크(http://www.lawedupark.go.kr): 어린이, 청소년과 국민들이 법을 쉽고 재미있게 배우고 체험할 수 있도록 법무부가 조성하고 직접 운영하는 법 교육 테마공원이다. 법 체험관, 법연수관, 모의재판교실 등이 있고 대전 유성구 원촌동에 소재하고 있다.

■ 법률신문(http://www.lawtimes.co.kr): 창간 61주년을 맞은 법률전문신문사이다. 각종 법률관련 기사를 접할 수 있다.

흔히들 사회에 기여하는 공로가 많고 역할이 큰 사람을 '주역'이라 칭하고 있지만, 저는 사회의 주역을 그렇게 해석하지 않습니다. 저는 그 역할을 빼놓으면 사회기능이 무너지는 존재가 주역이라 생각합니다. 따라서 극히 소수를 제외하고 현재 성장하고 있는 10대 청소년들의 대부분이 바로 이 사회의 주역입니다.

물건의 생산, 유통, 사용, 폐기 과정을 단적인 예로 들어볼까요? 여러분 중 누군가는 한 물건을 고안해내고 만들게 될 것이며, 누군가는 운송하고 팔게 될 것입니다. 또 누군가는 사서 사용하고, 고장나면 고치는 역할을 맡게 될 이도 있을 테지요. 심지어 그 물건이 버려지는 경우라면 치우고 폐기하는 역할을 맡는 사람도 생깁니다. 이중 어느 하나의 역할이라도 빠지면 사회는 제 기능을 발휘하지 못하지요. 공부를 잘하든 못하든, 경제적·지역적 배경이 좋든 나쁘든 여러분들은 적어도 어느 한가지의 역할에는 반드시 속하게 됩니다. 각자가 자기의 역할이 있고 그 존재와 역할은 이 사회가 유지됨에 있어서 반드시 필요한 것이므로 약간 역설적으로 들릴 수 있겠지만 여러분 모두는 이 사회의 주역이 분명합니다.

　앞서 "극히 소수를 제외하고"라는 전제에서 짐작했겠지만 사회질서를 무너뜨리는 이들, 즉 맡은 역할을 가벼이 여기거나 무책임한 이들은 주역이 될 수 없습니다. 사람이 갖는 의식과 행동 중에는 개인주의와 물질만능주의 등과 같이 사회적 질서를 위협하는 것들이 몇 가지 있어요. 골치 아프고 가장 우려되는 것이 바로 '범죄'와 '비행'이지요. 범죄는 사회의 질서를 지키며 살아가는 사람들에게 신뢰를 무너뜨리는 것일 뿐만 아니라, 불안을 조장하는 행동이며, 스스로 신뢰를 져버린 후 사회의 낙오자가 되려는 행동입니다.

　순간의 실수로 범죄자가 된 사람을 무작정 사회의 낙오자라고 단정할 순 없지만, 악의적이면서 상습적으로 범행하는 사람은 질서를 유지하려는 사람들과는 격리될 수밖에 없습니다. 주역에서 빼야 하는 것이지요. 엄밀히는 사회가 그들을 주역에서 제외하려는 것이 아니라 그들이 주역에서 이탈하고자 하는 것이라고나 할까요?

　여러분 대부분이 그 속에 포함되리라 믿지만 제가 바라는 것은 그것이 아닙니다. 여러분 중 소수라도 악의적이고 상습적인 사람으로 범위를 좁혀놓은 '낙오자' 범주에 들지 않는 것이 바로 저의 바람이지요. 앞서 본문을 통해 충분히 살펴보았겠지만 낙오자가 되어 가족과 사회로부터 구별된다는 것, 이탈된다는 것은 매우 불행하고 고통스런 실수요 형벌입니다. 제발 경험해 본 뒤 후회하지 말고, 슬기롭게 배척하는 여러분이 되어주길 바랍니다.

　아울러, 잘못을 저지르면 지위고하를 막론하고 대가를 반드시 치르고, 투명하고 정상적인 방법을 통해서만 사회에서 성공하고 발을 붙일 수 있다는 인식은 여러분이 먼저 만들어 가야 합니다. 여러분에게 희망을 불어넣고 동기를 유발하는 사회분위기와 교육체계를 만들어가도록 여러분이 먼저 목소리를 높여주길 간절히 바랍니다.